杨红樱 | 主编 马小跳环球旅行记系列

马小跳

漫游日本

作者 书香童年

海峡出版发行集团
THE STRAITS PUBLISHING & DISTRIBUTING GROUP | 福建少年儿童出版社
FUJIAN CHILDREN'S PUBLISHING HOUSE

跟着马小跳，
一起去旅行！！！

马小跳

　　有点迷糊，有点调皮，有点天真，有点爱显摆的小男孩。精力总是过于旺盛，对什么新鲜事物都感兴趣。他的想象力相当丰富，只要是自己喜欢的东西，就从来都不加以掩饰。单纯和懂得吃苦耐劳是他的优点，没定性和丢三落四是他的小小缺点。

路曼曼

　　乖乖女的优良典范，爱装成小大人的模样。走路的时候脚一颠一颠，马尾辫一甩一甩，把自信和骄傲全展示在大家面前。在聪明能干的外表下，有一颗敏感且怕输的心。总爱对马小跳吹胡子瞪眼，其实内心对他活力四射又鬼马的一面很是佩服。

源小银

　　就像是世界上的另一个马小跳，一样的顽皮、臭屁、爱表现。因为是日本四大古姓家族之一，所以时不时就流露出优越感，很讨厌别人看轻自己，总爱跟马小跳较劲。不喜欢穿和服，反倒是对T恤和运动裤情有独钟，喜欢时尚的东西，但对传统十分看重。

_____ 的藏书

NO. _____

收藏时间：_____

收藏地点：_____

目录

不完全准备手册

就是它了——日本

马小跳环球旅行记

没有什么可以阻挡勇敢、坚强、聪明、可爱的马小跳与路曼曼的前进步伐，他们决定，朝着目的地——日本，进发！

气候

出发之前，准备工作还是要做的。比如，了解当地的天气情况。

非常实用·小·贴士

日本是岛国，属于海洋性气候，受太平洋季风和洋流的影响，气候变化多端。因为国土形状南北长东西窄，纬度跨度很大，从南向北气候分为亚热带、温带和亚寒带。

路曼曼老师
开课时间

日本四季分明，每个季节都有吸引人的景色。观光旅游的最好季节是春季和秋季。

春　日本的春天很美。特别是3月和4月，樱花盛开的时节，山上、田野和花园里到处都是美丽的樱花。

穿衣提示：穿薄薄的上衣或毛衣。

夏　夏季从6月开始，其中有3～4个星期是梅雨季节，阴雨绵绵。到了7月，暑气逼人的盛夏开始了。在这个季节，日本人喜欢到海滨玩，或者到山区避暑。

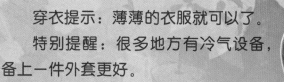

穿衣提示：薄薄的衣服就可以了。

特别提醒：很多地方有冷气设备，备上一件外套更好。

 这里的秋天晴朗凉爽，树林里到处盖满了红红的秋叶，是一年中最舒爽怡人的季节。

穿衣提示：带一件薄薄的外衣就够了。

特别提醒：日本是世界上公认红叶最美的国家。

冬天，南北温差比较大。南部地区气温大多在零度以上，而在北海道等北部地区，则成了银装素裹的雪国，正是开展冬季体育运动的大好时光。

穿衣提示：当然是大衣和毛衣啦！

季节决定穿着。出发前，一定要了解当地的天气情况哟！

日本

哦哈呦

英语白痴

发音极烂

据说日本人英语说得都不咋地，这两个家伙总算有救了！

他们决定跳过英语，直接从日语着手！

日文中有好多汉字啊！

日语是这样的、

全称日本语，是日本的官方语言。它最大的特点就是复杂的书写，包括汉字、平假名和片假名。在古代，日本民族有自己的民族语言，却没有自己的文字。直到汉文化传入日本，日本人才开始用汉字记事。虽然使用汉字，但是日语的语法和中文的语法却有很大的差别。

马小跳环球旅行记

日语中的汉字、

　　5世纪中叶之后，日本人民创造了用汉字作为表音符号来书写日语的方法。日本古代著名的诗歌集《万叶集》就是用这种方法书写的，即"万叶假名"。后来，万叶假名式的汉字记事慢慢简化，只写汉字楷书的偏旁。另外，日本民众觉得汉字的草书非常适合书写信件、日记、小说，便逐渐形成了一种简练流畅、自由洒脱的字体。

　　从此，日本民族终于利用汉字创造了自己的文字。因为这些文字都是从汉字字形假借而来的，因此被称为"假名"。根据假名的书写方法的不同，取自汉字楷书偏旁的称为"片假名"（カタカナ），从汉字草书演变而来的称为"平假名"（ひらがな）。片假名和平假名都是从汉字衍生而来的，是子音、母音一起使用的表音文字。一般书写和印刷时用平假名，表示外来语和特殊词汇时用片假名。

平假名

あ	か	さ	た	な	は	ま	や	ら	わ	ん
a	ka	sa	ta	na	ha	ma	ya	ra	wa	n,ng
い	き	し	ち	に	ひ	み		り		
i	ki	shi	chi	ni	hi	mi		ri		
う	く	す	つ	ぬ	ふ	む	ゆ	る		
u	ku	su	tsu	nu	hu	mu	yu	ru		
え	け	せ	て	ね	へ	め		れ		
e	ke	se	te	ne	he	me		re		
お	こ	そ	と	の	ほ	も	よ	ろ	を	
o	ko	so	to	no	ho	mo	yo	ro	o	

片假名

ア	カ	サ	タ	ナ	ハ	マ	セ	ラ	ワ	ン
a	ka	sa	ta	na	ha	ma	ya	ra	wa	n,ng
イ	キ	シ	チ	ニ	ヒ	ミ		リ		
i	ki	shi	chi	ni	hi	mi		ri		
ウ	ク	ス	ツ	ヌ	フ	ム	ユ	ル		
u	ku	su	tsu	nu	hu	mu	yu	ru		
エ	ケ	セ	テ	ネ	ヘ	メ		レ		
e	ke	se	te	ne	he	me		re		
オ	コ	ソ	ト	ノ	ホ	モ	ヨ	ロ	ヲ	
o	ko	so	to	no	ho	mo	yo	ro	o	

汉语果然牛啊！

信心崛起！

马小跳环球旅行记

简单对话

🐾 早上好
おはよう（o hai yo）

🐾 中午好
こんにちは（kon ni chi wa）

🐾 晚上好
こんばんは（kon ban wa）

🐾 再见
さようなら（sa you na la）

🐾 这是饼干
これはビスケットです（ko re wa ka shi de su.）

在日本，如果出现语言障碍，就拿出笔来写吧。

写什么？写救命吗？

救你个头！当然是写你说的话啦！

运气好的话，你写的汉字日本友人刚好全看得懂，又刚好都能理解，那样就心花怒放啦！

SOS.

马小跳，你想得太多太美了！

日本

9

旅行还是逃难

东京逃难记

(1)

防水冲锋衣要带吗?
晴天当外套,雨天
当雨衣!

(2)

帐篷要不要带啊?
万一找不到住宿的地
方,就在公园里……

马小跳环球旅行记

其他须知

1.拖鞋

在日本，无论是进宾馆的房间，还是去当地人家里做客，一进屋都要换拖鞋，那是必须的。这是日本的一大生活习俗，人人都会自觉遵守。记住了，入乡随俗，进屋前脱鞋千万不能忘。

2.喝水

渴了就喝自来水！放心，这里的自来水都能直接饮用。车站、大型公共场所还有自来水喷水口供大家使用。

红色和粉红色的公用电话，适合打日本国内电话，只接受十元的硬币；金色和绿色的公用电话，可以打国际长途，接受电话卡、十元或一百元的硬币！

患有色弱的某个家伙！

我怎么看颜色都差不多啊！

不想暴露自己身份的某人。

4. 口罩

戴口罩在这里非常时尚。工薪族、白领等都喜欢带灭菌口罩出门。初来乍到，路遇"口罩人"，千万不要大惊小怪，人家不是什么"忍者后裔"，只是为了防止病菌。

日本

出发！

路曼曼，你偷偷摸摸跟谁聊呢？难道是……

想什么呢？天机不可泄露。

长路漫漫

源小银……源小银……路曼曼呼唤！

路曼曼……路曼曼……小银收到！

关闭　省送

长路漫漫

"扫冰"行动开始！我们将坐明天上午XX时（机密！屏蔽）的飞机前往日本东京。

嗯！我会在原定地点等候。三点钟方向不见不散。

关闭　省送

马小跳环球旅行记

小银

全名：源小银

年龄：保密

性别：和马小跳类似

性格组成：有点腹黑，非常臭屁，相当热心，经常自娱自乐！

长路漫漫

接头暗号——银色手环。

哎呀！不好，可疑目标出现，我先下了……

关闭　发送

拜托，去日本到底是玩还是"作案"啊？

日本

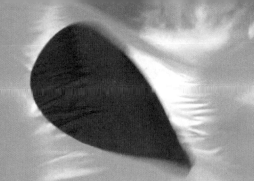

日本概述

国家档案

国名：日本国

首都：东京

国旗：太阳旗

国徽：菊花图样的皇家徽记

国花：樱花

国鸟：绿雉

民族：主要是大和民族，北海道地区有2万多的阿伊努族人

官方语言：日语

货币：日元

与中国建交时间：1972年9月29日

日本之旅终于付诸行动啦！这个四面环海的岛国，究竟是什么样子的呢？温柔的？安静的？富饶的？倔强的？我们不妨跟随小银和小跳的脚步，从聆听那古老的传说开始吧……

日本卫星图

日本的行政区域划分

日本全国共分为47个管辖区：一都、一道、二府和43县，这一层的行政划分被统称为都、道、府、县。一都是东京都，是日本的政治、经济和文化中心；一道是北海道；二府是京都府和大阪府，是关西的历史和经济中心地带；43个县则相当于我国的省（当然面积要小得多）。

所以，日本人说一个地方，一般是用"XX县XX市"。因为在日本，"县"可要比"市"大多啦！

日本

遥远的传说

漫漫长路，总要找点事做。

正在临阵磨枪的某人。

正在疯狂换频道的某人。

　　传说日本起源于剑，天上诸神把一柄红木剑插进海里，当他们抽剑的时候，四滴完美的水珠回落到海里，形成了日本四岛。

　　听上去是不是有点玄乎？如果诸神来到现代，用美工刀在装满水的浴缸里扎上几刀，溅出的水是不是会变成篮球场、足球场、网球场呢？

日本人的祖先、

秦始皇统一中国以后，为了长生不老，派方士徐福率领3000名童男童女，乘坐由50艘大船组成的大船队，到东海蓬莱仙岛寻求仙药。徐福一行人在茫茫大海上辗转漂流，没有找到目的地，却发现一个清幽的小岛。这座曾被徐福认为是海外仙山的小岛，就是今天日本的一部分。

中国的寺庙？嘿嘿……答案是——日本京都东寺。

"中国人和日本人原来很久之前是一家人？"许多人看到上面的故事，一定会惊讶地合不拢嘴巴。这其实只是传说啦！历史究竟是怎么一回事，没有人说得清楚，只能由我们后人揣测……揣测……

日本的诞生、

日本古时称"倭"，那时海岛上分布着100多个小国。经历了漫长的岁月，逐渐统一成一个国家。公元前660年，第一代天皇——神武天皇宣布即位并建国。日本国诞生的确切年代，已经随着海风，消失在无边无际的历史中；然而，天皇家族即位当日，也就是2月11日，被定为"建国纪念日"，标志着古代日本国的正式成立。

日本

历史时空

 时代"变奏曲"、

600年，日本迎来了历史上第一个较为繁荣的年代——飞鸟时代。这个时候，从中国引入的汉字已经在日本得到应用，佛教和儒学也已经传入日本。圣德太子致力于政治革新，并以"大化革新"为契机，建立了一个以天皇为中心的中央集权国家。这个做法，据说是效仿了中国隋、唐时期的政治制度。一直到奈良时代和平安时代，日本都积极地学习和汲取远方中国大陆的文明。

马小跳环球旅行记

日本的先土器时代

旧石器时代

日本的古代

绳文时代
弥生时代（前3世纪～3世纪）
古坟时代（3世纪后半期、4～7世纪
前半期、8世纪）
飞鸟时代（6世纪始末～710年）
奈良时代（710～784年）
平安时代（794～1184年）

日本的中世纪

镰仓时代（1192～1334年）
南北朝时代（1334～1392年）
室町时代（1392～1573年）

日本的近代

安土桃山时代（1573～1598年）
江户时代（1603～1868年）
明智（1868～1911年）
大正（1911～1926年）
昭和（1926～1989年）
平成（1989～　）

但凡出现和历史有关的东西，
立刻变成这副样子的某人！

日本是一个禅宗寺院众多的国家，历史延续下来的古朴韵味，被很好地传承了下来。

日本

日本的幕府

　　古时侯的日本，"幕府"是一种特殊的政治体制。那时候的日本，军人长期干政，以成为征蛮大将军为志向，幕府实际上成为了国家最高权力机构。幕府时代始于1185年（源平合战结束），终于1867年（明治维新），共经历了镰仓幕府、室町幕府、江户幕府三个幕府历史时期。幕府将军以"挟天子以令诸侯"的方式，统治日本长达600多年！

战国三杰

　　随着镰仓幕府的成立，武士阶层夺取了日本政权。以将军为首的幕府时代华丽登场了！丰臣秀吉、织田信长、德川家康就是那个群雄争霸的日本战国时代最著名的人物。他们各自开创了一片属于自己的天地，被后人并称为"战国三杰"。

　　"如果将战国的政治比作大饼，织田信长是种麦子的，丰臣秀吉是将麦子做成饼的，德川家康则是享用这块饼的人。"战国时代末期，织田信长开始的统一大业由大将军丰臣秀吉于1590年完成，然而国家的完全统一，是在丰臣秀吉死后，由他的家臣德川家康实现的。德川家康在关原战役中击败群雄，建立了德川幕府，也为轰轰烈烈的日本战国时代画上了句号。

本能寺之变

1582年，织田信长几乎统一了日本。正当他踌躇满志，准备拓展自己的事业时，却发生了一件惊天动地的事件，那就是骇人听闻的"本能寺之变"。

或许永恒的山水知道这段惊天动地的历史。

日本天正十年（1582年），织田信长几乎夺取了以京都为中心的大半个日本。此时，他眼中的大敌只剩下中国地区（日本地名）的毛利氏、关东地区的北条氏和北路地区的上杉氏而已。负责攻打中国地区的羽柴秀吉（也就是后来的丰臣秀吉）攻下了毛利氏的鸟取城，但同时他也遭受到来自毛利族的疯狂反攻。五月二十九日（1582年6月17日），织田信长为了支援丰臣秀吉，带领100余人的年轻卫队从安土城出发，中途逗留在本能寺内。本来奉命支援丰臣秀吉的明智光秀军却突然出现在京都，并在六月二日袭击了本能寺。

早晨，明智军把本能寺团团包围。听到动静的织田信长，一开始还以为是卫兵喝醉酒后的吵闹，没想到卫兵冲进来禀告说："大人，好像是明智光秀的部队，他们起兵谋反！"织田信长远远望见敌军打出水色桔梗的旗帜，长叹一声："光秀这家伙……早就知道他有野心……"说完，他让手下取来长弓，出外迎敌。然而叛乱者太多了！织田信长和部下虽然拼死抵抗，但依然寡不敌众。

日本

织田信长率领手下100人持枪奋战，负伤后返回房内自杀，死时才49岁。

当时的本能寺在大火中毁于一旦。奇怪的是，人们在寺内找遍每一个角落，竟然没有找到织田信长的尸体。直到现在，"织田信长遗体之谜"还流传着两种说法：一种说法是，织田信长死于寺中，尸体随大火化为灰烬；另一种说法是，织田信长的遗体被仰慕他的僧侣与忠心的部下秘密地埋葬了。

"本能寺之变"背后的真相到底是什么？几百年后的人们不得而知。但可以肯定的是，如果没有织田信长，日本的统一还不知道需要多少年。织田信长的功绩为后人称道，但他过于强硬的个性，或许就是导致最终悲剧的原因吧。

织田信长一生中最辉煌的时候，也是他最危机四伏的时候。

门户开放，明治维新、

从16世纪开始，不断有国家（美国和欧洲各国）来叩开日本的大门。他们带来了西方的技术，也带来了残酷的枪炮。但不管怎么说，对日本而言，这是一个充满生气的时代。随着幕府统治逐渐走向衰败，日本人逐渐认识到，只有向新兴的欧美国家学习，才能使国家走上富强之路。于是，1867年，在改革派的主导下，轰轰烈烈的"明治维新"开始了，幕府把权力重新交给了日本天皇！新成立的政府在全国范围内推行现代化政策，不断引进西方的技术和文化。从此，日本走上了快速发展的道路。

传统的日本住宅，它那紧闭的大门也将打开，接受现代高楼的"挑战"。

第一印象很重要

 成功——登陆！

在对日本历史的无限感慨和无限"不感冒"中，
马小跳和路曼曼终于成功抵达日本东京国际机场！

我们……终于到了！ (1)

路曼曼和其他

哇！ (2)

马小跳环球旅行记

第一章中，路云云口中的网友"源小银"。

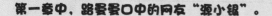

他们是这样交流的——
中文、日文、英语、肢体语言以及其他。

在经历了刚刚着陆的"神游"之后，马小跳小朋友终于又精神抖擞，恢复到了以往的战斗水平。

高楼林立的现代东京。

日本四大姓氏

　　日本的姓氏数目超过10万（在中国，汉族常用的姓氏约3000个），一般由1～3个汉字组成。其中四大姓历史悠久，它们是：源、平、橘和藤原。据说日本天皇是没有姓的，平民百姓在古时候也没有，这四大姓可是天皇赐予的哟！

　　重点说说"源氏"吧！

　　据说源氏是由嵯峨天皇赐姓给皇子皇女们开始的，所以最早被称为"嵯峨源氏"。因为天皇子嗣众多，这样一来，源氏就分为很多支，有村上源氏、醍醐源氏等17～20支之多。其中最负盛名的，还是人才辈出的清和源氏。如果没有特别的说明，源氏就单指清和源氏。清和源氏以"星火燎原之势"逐渐向全国开拓发展，人们为了区别他们，就以他们的定居地为头称呼他们，比如常陆源氏、信浓源氏、摄津源氏、美浓源氏等等。

知道了吧，我们源氏一族可是极有来头的！

超级没有礼貌的两个家伙！

日本货币

日本的货币单位是"YEN"（元）。日本也有硬币，有1元、5元、10元、50元、100元和500元六种面额，除此之外，还有1000元、2000元、5000元和10000元四种面额的纸币。

1元、5元、10元、50元、100元和500元。

过去，日本货币上的图案大多以政治家、军人和神社等为主，但是1984年以后发行的货币，均以日本著名的文学家、思想家或植物为图案。

出门在外，有钱傍身最安稳！

10000元——思想家福泽谕吉

5000元——文学家樋（tōng）口一叶

1000元——细菌学家野口英世

日本

俯瞰日本

我要去这里，我还要去那里，我们到底要去哪里啊？

哈哈，不知道了吧！还是让我来简单介绍一下日本吧！

日本是一个典型的岛国，自东北向西南划出一个美丽的弧度。它四面环海，和中国隔着海水遥遥相望。丰富的海产品是海洋对日本的恩赐，这里的鱼类产品多种多样，鱼、虾、蟹、贝类应有尽有，是日本人餐桌上的主食呢！

日本境内有很多山，全国有68%的地区是山地。这些山大多是火山哦！日本全国上下分布着160多座火山，其中50多座是活火山。

马小跳环球旅行记

我最喜欢有营养的东西啦！生鱼片不错的。

日本被誉为"温泉王国"，处处是可供泡澡和观赏的温泉。

这个数量，大概占了世界火山总量的1/10。日本人认为，山脉中都有神灵存在，所以对这些名山圣岳有着无限的崇拜和敬仰。

不安分的火山给日本人带来了天崩地裂的灾难。不过，日本人天性乐观，在承受自然灾难的同时，也享受着一项宝贵的财富——温泉。温泉遍布日本各地，从北向南超过3000处。泡温泉既可以消除疲劳，又可以健身美容，是日本人生活中非常重要的一部分。

不管怎么说，日本是个现代、倔强、独特的国家，有机会去玩的话，千万不要错过哟！

日本

文化名片，
赶紧递上！

第一张：浪漫樱花

日本的春天，一派樱花烂漫。满树樱花在枝头怒放，美得令人心动。日本人把樱花视作国宝和国家的象征，对樱花的喜爱早已融进血液，牢牢扎根心底。

古代日本人认为，只要樱花顺利开花，洁净飘落，来年一定风调雨顺。为了把握这美好的"樱时"，各地纷纷举办大大小小的赏樱会。这赏樱会一办就是1000多年，从宫廷贵族独享的盛会演变成民间约定俗成的重大节日。

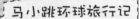

绚烂的花见

在日本，春日赏花会又被称为"花见"，是每年春天家庭成员、朋友、同事聚会时的传统节目。每当樱花绽放的季节，人们都会聚到树下放歌畅饮，欣赏樱花的清丽容颜。

估计是吃坏东西了！

这家伙怎么了？今天特别亢奋啊！

哈哈哈……真开心！

日本人在公共场合是非常克制和有礼貌的，但在樱花树下，他们彻底解除了"武装"，还原出自己最本真最率直的一面。大家在花海中谈笑风生，有的甚至戴上面具与落樱共舞。

樱花的花期很短，不过短短的一周，它开得绚烂，落得热烈，美得短暂却辉煌。你能想象公园、街头、巷尾、远山……所到之处遍布樱花的景象吗？粉红色的"浮云"迎风招展，层层叠叠。抬头仰望，天空是飞花的灿烂；低头俯看，脚下是落花的静谧。如此华美壮观的景象，谁愿意错过呢？

樱花树下，所有的人都为那份明艳与美丽而感动。

日本

第二张：日式格斗

空手道是日本的一种武术形式，起源于500年前的古代琉球国。那时，在琉球的上层社会中流行的，融合了中国拳术创造出的"唐手"，就是空手道的前身。1905年，唐手成为日本普及的武道，1935年正式更名为——空手道。

空手，说白了就是"手无寸铁"的意思。这种格斗不依赖器械，只是凭手脚搏击。据说空手道问世之初，完全是一种凶狠的战斗手段——琉球岛的居民专用它来防范海盗，出手是相当重的。随着战事的渐渐平息，空手道慢慢演变为一种武术，强身健体成了它的"金字招牌"。

空手道比赛时，双方不用任何器械，完全凭手足互搏。

传统的空手道，分为四大流派：松涛馆流、刚柔流、和道流与糸东流。以四大流派为代表的传统空手道，在比赛中

马小跳环球旅行记

遵循一个原则，那就是——点到即止。关于空手道的奥义，还有一个有意思的故事。

很久很久以前，一位空手道名家，想把掌门人的职位传给三个儿子中的一位。他特意设计了一项测验：在厅门的顶端暗藏一块木头，门一打开，木头立刻会掉下来。他分别叫三个儿子进来，观察他们的反应：

大儿子最先进屋，第一时间察觉到了门上的异常。他没有声张，而是轻轻地把木头卸下，然后心平气和地进门向老先生请安。

二儿子第二个进门。当木头掉下来时，他迅速地闪身躲过，手握剑柄，机警地察看四方。

最后进门的是三儿子。他不但轻身闪过，更是满脸杀气地在一眨眼间，以完美的身手将木头劈成两半。

古代建筑屋顶一瞥。

老先生最后决定，传位给大儿子。他的理由是：大儿子能防范于未然，且神清气明，具备武道的精神；二儿子行动中庸，值得称许；三儿子虽然剑技高超精确，但杀气太重。能"战而胜"是下策，能"不战而胜"才是上策，三儿子应该加以修练！

空手道的武道理念，是不是很有"侠"之大义啊？没错，这种脱离武力、把握分寸的精神，正是许多人喜爱和练习它的原因。

日本

第三张：可以穿的美丽

"和服"是日本的传统服饰。它最大的特点，就是将长至脚踝的袍服直接套穿在身上；最吸引人的地方，就是用"腰带"代替扣子和袢（pàn）带固定。

 女士和服

①内衬：
在和服内清晰可见，可以用来替代衬衣

②丝绸：
用来固定和服的带子

③腰带：
长度超过4米

④装饰绳带：
用来固定腰带

⑤折带：
在腰部，用来调节和服的长度

⑥宽腰带：
紧紧地系在背部，通常是丝质的

⑦足袜：
把大脚趾和其他脚趾分开，便于穿木屐

⑧木屐：
有楔状的底部

如果将和服平铺开，是一个完整的长方形，但经过巧妙地穿着，就成了一件合适得体的衣服。很神奇吧？对自己身材没有自信的人，也能把它穿得漂漂亮亮呢！

日本婚礼和服

男士和服

①家庭徽章
②外褂：
穿在和服外面
③细绳：
用来系紧和服
④袴（kù）：
有些像裙裤，穿在和服外面
⑤男士便鞋：
拖鞋

在重大的节日或婚礼等喜庆的场合，日本人总会换上和服，以示重视。夏日祭祀或者纳凉活动时，人们一般选择较为轻便的"浴衣"。

日本

一套完整的和服，由许多"配件"组成，而且"配件"之间都有一些精细的小花样，连接得天衣无缝，难怪和服被誉为"世界上最优美的民族服饰之一"啦！

只要细心观察，不难发现和服那宽袍大袖的款式，与中国古代的服装有几分相似。其实，和服正是吸收了中国汉服的特点，经过上千年的"修炼"，才成为现在的样子。

男款的和服，一般都是黑、蓝、褐等深色布料，造型比较简单；女款的和服，花色和式样丰富很多——艳丽的颜色、细致的图案、精美的饰物，是件不折不扣的艺术品。

和服新娘

爱看不看小·贴士

家庭徽章

又称为"纹"，是和服上表示一个家族或家庭的标志。"纹"起源于平安时代。当时，公家之间的区别是牛车上的标记，武家之间的标记是两军对阵时的军旗。战国时代，少数人获得了一个家族的姓或荣誉，于是就出现了家族的纹。这种纹是荣誉的象征，可以继承。久而久之，人们一看纹就明白对方的身份了。

据不完全统计，和服上的纹，约有400种，但是经过分化之后，那就数不胜数啦，有7000～8000种。

第四张：节日的问候

日本的节日，大多是依照各地神社（庙宇）的祭祀活动沿袭下来的，因此日本称这些节日为"祭"。古时候的"祭"联系着人与神，是一种庄严的祈祷行为。今天的"祭"脱离了仪式的严肃定位，变成了大众参加的热闹庆典。

女儿节男孩节

每年的3月3日和5月5日，是日本特有的"女儿节"和"男孩节"。每户人家都会摆出最漂亮的人偶娃娃，挂起最鲜艳的鲤鱼旗，祝愿孩子们健康成长。

女儿节在日语里被称为"雏祭"，最早源于中国古时候的"上巳节"，从江户时代开始盛行并延续至今。每年的这一天，正好是桃花绽放的时节，所以又被叫做"桃花节"。粉色的花瓣随风飞舞，女孩们精心打扮，穿着艳丽的民族服装，尽情享受父母的宠爱。

比桃花更娇艳的，是女孩子们明朗的笑颜。

哎，如果我是女孩子……

迟了，你就等下辈子吧！

日本

摆放人偶是女儿节的重头戏，由长辈送给家中的女孩。宫装打扮的人偶摆放在特制的雏坛上，并配上"灯笼、桃花、梳妆台"等小装饰品，绝对养眼！女孩儿就像这些精美的人偶娃娃一样，是全家人捧在手心里的心肝宝贝。

女儿节上制作精美的"雏祭娃娃"。

5月5日是日本的端午祭，也是男孩们的节日。这一天和两个月前的女儿节一样热闹。人们摆菖蒲叶，挂驱鬼图，吃柏饼或粽子，家家户户在门前挂出由黑、红、蓝三种颜色组成的鲤鱼旗，祝贺男孩茁壮成长。据说鲤鱼旗中的黑色代表父亲，红色代表母亲，蓝色代表男孩，蓝旗的个数代表家里的男孩人数。

挂鲤鱼旗的风俗，源自"鲤鱼跳龙门"的传说。日本人认为鲤鱼是力量和勇气的象征，因为它们最终勇敢地跃过了龙门！家长们希望家中的男孩子能像鲤鱼一样奋发向上，成为一名坚强的勇士。

最喜欢男孩节了！

盂兰盆会、

　　和"女儿节"一样，日本的"盂兰盆会"也起源于中国，在每年的7～8月，又被称为"魂祭"、"灯笼节"等。

　　"盂兰盆"的意思是"倒悬之苦"，在古代是为了解救苦难而进行的仪式，发展到现在，成为合家团聚的节日。日本人对盂兰盆会非常重视，每到这个节日，放一星期到半个月的假，这样一来，大家就有足够的时间赶回故乡，与亲人相聚啦！

　　盂兰盆会期间，家家门前都用竹竿把灯笼高高挂起，在房间里设立神魂龛、点迎魂火和送魂火，以示祭奠。祖先们难得回人间"玩"一趟，不好好欢送多失礼啊！所以，还有一项重大的活动在等待大家——盂兰盆舞。在夏夜的习习凉风中，伴着有节奏的大鼓声，男女老幼穿着传统的衣服大跳集体舞，场面相当盛大呢！

说白了，不就是中国的"中元节"吗？

日本

41

御正月

其实就是元旦啦！是日本一年中最重要的节日。1月1日俗称"正日"，"正日"的早餐非常丰盛，一家老小依次品尝屠苏酒、青鱼子、黑豆等传统食品。据说这些食物象征吉祥，会带来一年的好运。往后的三天，都是以玩乐为主：大家迎着初升的太阳，走在前往神社的路上。孩子们当然最开心啦！玩日式纸牌、放风筝、踢羽毛毽子……新年的喜悦让所有人忘记了严冬的寒冷。

除夕之夜的最后一刻，人们会敲响108下钟声，预示着过去一年的不开心都随钟声消失殆尽。

七五三节

　　这也是日本独特的一个节日。每逢11月15日，3～5岁的男孩、3～7岁女孩穿上鲜艳的和服去祭拜神社，祈求神灵的保佑。据说这种习俗始于江户时代。在这一天，孩子们要吃"赤豆饭"，还要吃专为庆贺"七五三"而做的红色或白色的棒形糖果——"千岁糖"。古时候的日本人认为奇数是吉祥的数字，所以就选中了"七"、"五"、"三"这三个最没有忌讳的数字。

傻人傻照

日本

第五张：方寸天地

　　日本人喜欢用"猫之额"来形容自己的住宅。这也难怪，一个面积不足40万平方千米的小小岛国，竟"装"下了1.2亿人口，那种拥挤狭小的空间状态，想想就让人头皮发麻。但"猫之额"这个词，还有另一层意思——房子再小，也能过上猫咪一样安逸的生活。没错，日本人就有这样的本事，用无穷的想象力与创造力，节约空间，寻求舒适，打造小巧精致的"方寸天地"。

　　①走廊：类似于阳台，是屋外的一块地方，一般会有一个倾斜的屋檐遮盖。
　　②玄关：在入口的后面，人们踏上木地板之前在这里脱鞋。

日本传统房屋、

就算房子再小，玄关依然是日本传统住宅中必不可少的一部分。客人在这里换鞋，然后进入房间。房间内的门都是移门，最大限度地减少空间占用。屋里的木地板高出地面数十厘米，这样既避免了潮湿，又能冬暖夏凉。整洁又通风的"小小安乐窝"是日本人的智慧结晶，很招人喜欢吧？

③壁炉：室内的核心，也是热量的主要来源。

④斜拉门：安置在走廊的上方，由木质的框架和纸组成，能透过光线。

⑤木质或厚纸拉门：通过开或关来改变房间的大小。

⑥榻榻米：放在房间的地上，是一种草制的垫子。

⑦被炉：和矮桌连在一起的取暖器，一般放置在一块凹陷的地板底下。

日本

第六张：大块头有大智慧

源小银　马小跳

都是胖子玩的游戏嘛！

相扑是日本的"国技"，是一项非常有难度的体育运动。

运动员们一个个膘肥体壮，只用寸布裹身，看上去就像一座座行走的"肉山"！其实，最早的相扑来自于中国汉代的民间活动——角抵。那时候的相扑只是一种简单的游戏，直到江户时代，它才发生了"质的飞跃"。

相扑在一个高50厘米左右的土台上进行，选手经过严格的筛选，只有身高超过1.73米，体重超过75千克的人，才有资格参赛。双方互相抓腰带、推搡、

相扑选手可以用腿脚攻击对方，但不能袭击对方的要害部位。

绊腿，只要能使对手除两个脚掌之外的身体任何一部分着地，就算胜利。比赛没有时间的限制，直到决出胜负为止。

这项长时间、高强度的运动，绝对是个体力活，所以运动员的体形也相当"惊悚"——最"壮"的体重飙到250千克，只要他轻轻一动，浑身的赘肉都跟着颤抖！

看上去有些"野蛮"的相扑，在古代可是贵族间的运动，想不到吧？相扑选手以能在天皇面前表演为荣，这是他们毕生的荣耀。即便是现代日本，人们也把相扑视作"神圣"的运动，每个选手都是大家心目中的英雄。

相扑选手彪悍的身形，往往给人一种笨重的错觉。其实，赛场上的他们个个身手灵活，就连最简单的推操，也蕴含了相当多的技艺在里面。一个出色的选手，必须具备坚韧不拔的意志、敏捷的身手和把握时机的能力。只有不断取胜不断前进，才有希望达到最高级别的"横冈"，成为备受尊敬的大英雄。

相扑画

日本

它们很传奇

武士

古时候的日本有这样一类人：他们精通剑术，身兼重任，在社会中扮演举足轻重的角色！猜出他们是谁了吗？没错，他们就是富有传奇色彩的人物——武士！

身为一名武士，就要承担战士的责任。从穿上铠甲、手持战剑的那一刻起，他们就注定要为自己的君主效忠到死。听上去有一点点夸张吧？但为了荣誉视死如归的精神和严明的纪律，恰恰是武士的立足之本。

日本武士大约出现在9世纪，那时社会动荡，封建领主各自笼络了一批家臣，结成紧密的主从关系。与那些大名（贵族土地主）一样，武士也有自己的世袭家族，并成为比天皇更有实力的组织。那么，究竟谁是日本武士第一人呢？这至今都是一个谜。但可以肯定的是——直到明治维新，武士都是统治日本社会的支配力量！1876年后，随着整个日本进入工业时代，直到废刀令的颁布，武士阶层才逐渐走向消亡，最终淹没在历史的滚滚洪流之中。

又杠上了

哇，武士果然威风啊！

有什么了不起的，一看就是小儿科。

我们中国的武林高手、天下第一听说过吗？比你们的强几百倍！

真的吗？他们有多厉害？

那是武侠小说里虚构的好不好？

@#¥%……&&*

哦？哦？

什么？是吗？

（1）

（2）

（3）

武士道

日本武士的思想核心是"武士道"。武士道起源于镰仓幕府。到了江户时代，因为吸收了儒家和佛家的思想，武士从战斗者的角色中脱离出来，武士道精神也发生了转变，总结出来就是八个字：义、勇、仁、礼、诚、名、忠、克。这八字里面，"忠"是武士道精神的核心和灵魂。

我们印象里的武士道，每每与残酷的战争记忆联系在一起。因为在历史上，它有过一段非常不光彩的、充满着杀戮与鲜血的盲从和畸变的历程。但谁又能想到，武士道形成之初，推崇的竟然是"善良的本性"。好在，随着时代的发展，在摒弃掉封建糟粕之后，武士道精神总算"浪子回头"，人们对武士道也有了新的认识——怀着忠诚之心，努力培养敢于表达的勇气。这样积极又克制的态度，或许才是武士道真正的价值所在吧！

武士的头盔

日本

武士刀

日本武士如此勇猛，究竟什么样的兵器才能与之相配？答案就是——武士刀。这种弧形的剑专为近身战斗而设计，具有致命的杀伤力！

武士刀总是和它的配剑——"胁差"一起使用。胁差其实是一种刀刃较宽的短剑。从1600年开始，武士阶层就带着这"大小对刀"护主征战，换取自己的地位和荣誉。

打造武士刀的工匠被公认为历史上铸剑技艺最高超的人。因为他们在保持刀剑锋利的同时，还赋予了它出众的韧性。铸剑师用软金属铸造剑的核心部分，然后在核心层外覆盖由硬金属锻压制成的外围层，最后得到的剑，自然是锋利无比，削铁如泥！

非常实用小·贴士

天下五剑

作为一把优秀的武士刀，吹毛断发那是必须的！在日本历史上，有5把国宝级的名刀，它们被合称为"天下五剑"，全名如下：

1.名物大典太太刀；2.数珠丸恒次；3.童子切安纲；4.三日月宗近；5.鬼丸国纲。

确定它们都是刀的名字？

关键是，武士刀还拿反了！

不要以为梳个头发，带把刀就是武士啦！

武士小跳

 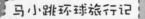

浪人

现代日语中的"浪人"，指的是未考上合适高校的学生。但在古代日本，浪人却是和武士一样特殊的存在。只不过，和声名显赫的武士相比，他们寒碜得多也可怜得多。所谓浪人，其实是指那些没有特意效忠某个主人的武士。因此，他们也被视为社会不安定的主要因素。

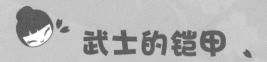

武士的铠甲

铠甲是上层武士才使用的奢侈品，一般以竹条、皮革、麻绳等为原材料。虽然看上去非常华丽，但实际保护作用相当一般。直到后来的战国时代，武士的铠甲才算有了起色，展现出货真价实的防御能力。

①头盔
②武士面具
③肩甲
④护胸
⑤护手
⑥铠甲的裙子
⑦护大腿的铠甲
⑧护胫

日本

神社

东京江户总镇守神田明社

　　每逢大节日，日本人喜欢穿上正式的和服，去神社许愿。在神道教普及的日本，人们的生活无时无刻都在祈求神的庇护：出生时，去神社祈求顺利成长；长大后，去神社祈求心想事成；正日，去神社祈求新一年的好运……

　　每一座神社前通常挂着灯笼，为的是照亮拜谒（yè）神明的道路。通过神社的楼门，就到了"鸟居"之前。鸟居是日本神社的标志物，看上去有点像中国的"牌坊"。在日本的宗教里，鸟居是一个"结界"，把神域和凡人居住的世界分隔开来。当你跨过鸟居的界限，实际上已经进入神域啦！

神好累啊，要管这么多事！

跨过鸟居，有专用的"手水社"，每一个进入神社的人，都要用石钵中的水洗手、漱口，然后才能进入拜殿。在拜殿大厅前，一定别忘摇响摇铃哟，这样神明才会注意到你，听到你的愿望。

阴阳师

看过日本动漫《少年阴阳师》、《通灵王》吗？如果看过，那你对"阴阳师"这个职业一定不陌生。在动漫中，他们为了平衡天、地、人、鬼间的矛盾而存在，以降妖伏魔为己任。

说到阴阳师，有一个人的大名不得不提，他是日本历史上真实存在的人物，被誉为阴阳师界的"泰山北斗"。只要提起阴阳道，日本人脑海里第一个出现的一定是他的名字——安倍晴明。

阴阳师跟包青天一样"日断阳，夜断阴"吗？

日本

式神小插曲

阴阳师能操纵式神，也能操纵鬼神。当然，安倍晴明也一直在自由驱使着式神。

话说某天，安倍晴明出门拜访住在广泽的宽朝僧正。很多年轻的贵族子弟、僧侣乘机向晴明搭话。由于大家早就听说了晴明的种种传闻，谈话内容自然都集中在法术上。

"听说您能操纵式神，那么您也能操纵它们杀人吗？"有位公子直截了当地问。

看到这位公子眼里好奇的神色，晴明摇摇头微笑着说："不，想杀人没那么简单。"他停顿了一下，接着说道："不过，倒是有很多方法。"

另一位公子插嘴问："杀只小虫应该很容易吧？"

"哦，没错。"晴明回答的时候，庭前刚好有五六只蛤蟆跳来跳去。

"您能杀其中一只吗？"公子不死心地问。

"当然能，我能杀它，可是……"晴明有些迟疑地说，"杀了之后，却无法让它复活。无益的杀生是造孽……"

"拜托，请表演一次，好吗？"

"我很想看看！"

"我也想看！"

贵族子弟与僧侣们全聚集过来。大家显然对晴明的法术很感兴趣，好奇心令他们的双眼炯炯发光，想亲眼看看法术到底有什么威力。

晴明叹了口气，嘀咕一句，"你们真是造孽。"然后伸出右手，漫不经心地摘下垂落在屋檐下的一片柳叶。只见他随手抛出柳叶后，口中念念有词。柳叶飞往空中，又轻飘飘地飞舞而下，最后落在一只蛤蟆身上。刹那间，蛤蟆立即粉身碎骨。

在场的所有人看到这个场景，都惊讶得说不出话来……

阴阳师的"式神"

又被称为"识神"。发音是"しきしん"（shikishin），也可念成"しきがみ"（shikigami）。四国现存的阴阳道流派之一"いざなぎ（izanagi）流"，则称之为"式王子"，是一种平时看不到的精灵。谈不上是上等精灵，只能算是杂灵。阴阳师能够施法使这些杂灵化为式神，并操纵它们。只不过操纵的杂灵程度不一，或下等或上等，完全取决于阴阳师的能力。

虽然被誉为历代阴阳师中最杰出的一个，但正史中对于安倍晴明的记载非常少。尽管如此，他发明的"晴明桔梗印"——"五芒星"，依旧是阴阳师界公认的降魔标志，他的著作《占事略决》作为阴阳道占卜学的重要文献，直到今天仍被后人津津乐道地研究。

尽管以现在的眼光来看，阴阳师的卜卦预言没有确切的依据，太过于玄幻，但越是神秘的东西就越有吸引力。所以，直到现代，阴阳师的传奇还在继续……

忍者

"身着黑衣，身形灵巧，飞檐走壁如履平地，使用各种奇怪的武器和暗器，上天入地无所不能，让敌人无处寻觅，无从招架……"没错，这就是忍者！他们与"寿司"、"樱花"、"和服"一道，是大家耳熟能详的"日本标签"。忍者的职责，就是为主人进行秘密策划、破坏、暗杀、搜集情报等工作，他们就好比间谍，属于"特种作战部队"。

忍者的世界有四大戒律：

①不准滥用忍术（只能用在公事上）；

②舍弃一切自尊（逃命要紧）；

③必须守口如瓶（即便为此失去性命）；

④绝对不能泄露身份（这条最为根本）。

对后人而言，忍者的存在更像一个传奇，充满了未知和神秘。虽然他们的"演出"早已退出了历史的舞台，但他们的神话依旧在每个人的心中延续。

非常实用小·贴士

忍者百科全书——《万川集海》

这是一部收集关于伊贺和甲贺两个忍者家族的书集。它的内容就是教导忍者：如何施行忍术！德川家族第四代将军德川家纲时代，隐士藤林保武结合中国和日本历代名将的思想与武学精华，参照《六韬》和《孙子兵法》的内容，写成了这本集忍道、忍术、忍器于一体的忍者修行指南。

《孙子兵法》很了不起的，我也看过。

 ## 忍者发源地

尽管大多数忍者是日本人，忍者的起源却在中国。中国历史上赫赫有名的军事著作《孙子兵法》正是忍者活动的思想源头。

伊贺和甲贺地区被许多人认为是日本忍者的发源地。作为日本国内的"战争高发地段"，这里成为忍者施展身手的舞台。在一个个不平静的夜晚，忍者穿梭在无边无际的黑暗之中，完成任务就是他们活着的使命与意义。

据说伊贺的忍者，都是潜入城堡的专家。通过秘密行动，他们能够获取对方的机密信息，破坏敌人的后方补给：比如偷取食物和武器。这些技巧可是代代相传的哟！

日本

伊贺的忍者并不总是潜入敌人的城堡，他们有时也会正大光明地从正门进入。

要做到这一点，忍者需要去偷取一个标有敌方大名标志的纸灯笼。

忍者会提着这些假灯笼大模大样走入城堡，在城堡里纵火后迅速从现场逃逸。

然后他们会依葫芦画瓢，制作出灯笼的复制品。

忍者这样做具有一箭双雕的作用：既完成了放火的任务，又使大名误以为这是内奸所为，这样一来，就能在敌方成功地散播恐慌和多疑的情绪啦！

马小跳环球旅行记

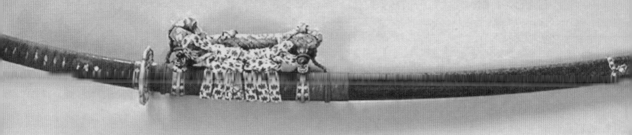

忍者第一人

与黑暗为伍的忍者像影子一样走过日本的历史。他们究竟从哪里来，使命又是什么呢？直到今天，日本民间还流传着这样一个有关忍者的传说：有一个少年，不远千里去看望自己奄奄一息的父亲。但僧侣把他的父亲当做犯人一样囚禁起来，甚至不允许两人见面。父亲在绝望中死去，父子俩没能见到最后一面。少年悲痛欲绝，他发誓要向僧侣复仇！

少年明白：单凭自己一个人，无法直接与僧侣及其家族抗衡。于是他假装生病，让僧侣对他放松警惕。夜晚，他悄悄地潜进僧侣家，四处考察地形，了解每个人睡在何处，警卫何时巡逻。一天晚上，少年又潜入僧侣的房间。僧侣习惯点灯而眠，所以少年先打开一扇窗，放入一些飞蛾。飞蛾向来喜欢"扑火"，它们纷纷飞往亮光处。成群结队的飞蛾遮蔽了油灯，整个屋子陷入一片黑暗之中。说时迟那时快，躲在窗外的少年飞身入内，一把取下僧侣的剑，结束了他的性命。

干掉了仇人之后，少年从窗口逃跑，被警卫一直追到河边。他机灵地爬到河边一棵竹子的顶部，倚靠在上面。富有弹性的竹梢，在他身体重量的压迫下，不断弯曲，直至河的对岸。然后，他轻轻跳下竹子，扬长而去……

虽然这个少年年纪不大，也没有自称为忍者，但是他对于欺骗、潜伏和计谋等手段的运用，令人肃然起敬！"忍者第一人"的传说就这样代代相传，激励着这些行走在黑暗中的神秘勇士。

日本

装备知多少

忆者的"制服"一般是黑色的，搭配轻便的凉鞋和有篷盖的大兜帽。动漫和影视作品中那些身穿五彩服装的忆者，其实是不存在的哟！据说，黑底红纹的衣服或是全白的装束，忆者会比较青睐。因为前者可以遮盖受伤部位的血迹，而后者很适合在雪中行走。

现代人从各种忆术秘本中所得知的忆者武器主要有七种：手里剑、撒菱、忆刀、吹矢、忆杖、手甲钩、水蜘蛛。

忆者面对对手，必须冷酷无情。

哪里跑？

饶了我吧！您真是太厉害了！

看样子，又做白日梦了！

这家伙也太能睡了吧？

忍者的武器

忍刀、手里剑和吹矢是忍者必备的工具。

忍刀：附有一条长约三米的绳子，翻越城墙时，可以当踏脚工具，再利用绳子收回；刀鞘还可以在潜水时当通气管用。

手里剑：类似飞镖，近距离几乎可以百发百中。忍者会在每个角上都涂上剧毒，是相当危险的武器。

吹矢：藏在笛子里的毒针。忍者除了掌握吹矢手法外，还必须得练习吹笛技术。

撒菱：是逃走时撒在身后的一种菱形武器。凡是凹凸不平、能够刺伤双足的东西，例如天然石头、干燥果实、铁器等，都可以拿来代用。

忍杖：就是一根藏有链子、长矛、刀剑等武器的手杖。

手甲钩：花样非常繁多，有装在指甲上的，有套在手背上的，就看忍者擅长哪种功夫，自己变把戏。

水蜘蛛：渡河时必须用到的装备，平时可以叠起来藏在包裹内。

非常实用小贴士

忍者的等级

忍者分为"上忍"、"中忍"和"下忍"。"上忍"，又称"智囊忍"，专门筹策整体作战计划；"中忍"，是实际作战时的指挥头子，忍术超群出众；"下忍"，又称"体忍"，相当于现代的特战部队，是在最前线实际作战的忍者。三者之间等级关系非常明确，"下忍" 对"中忍"唯命是从，"中忍"对"上忍"俯首贴耳。

日本

东京欢乐游

这是一座拥有1200万人口的大都市，每天都有新鲜的玩意儿出现，每天都有时髦的词汇产生，每天都在创造历史，过去和现在，今天与明天，充满了未知与挑战……

迷路了

游东京，一定得做好心理准备。最起码要把几大主要区域搞清楚。话说这个城市的主要旅游区，有浅草、新宿、原宿、表参道、青山、台场、池袋、银座等。初来乍到的人，出门前可要做足功课，否则，在陌生街头游荡的感觉实在不好受啊！

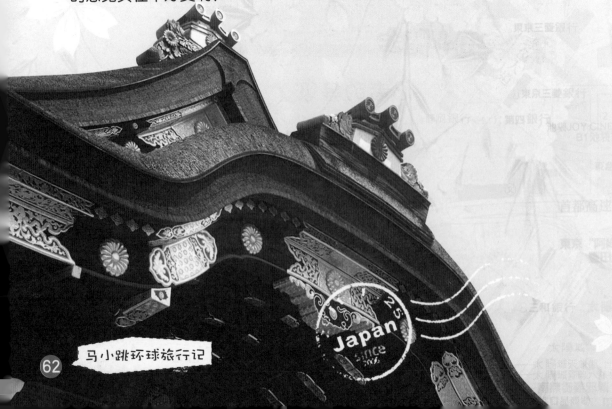

马小跳环球旅行记

完全找不着北的某些人……

你不是日本人吗？你怎么会不认识路！

日本人就一定要认识东京的路吗？我是在京都一带混的！

这两个家伙一个都靠不住，幸好还有东京轨道交通系统！

东京街头，千万别轻易搭乘出租车，因为日本的出租车贵得吓人，起步价将近50元人民币，一趟坐下来的车费，都能吃一顿像样的日本料理了！

在东京玩，地铁是最主要的交通工具。东京地铁目前大约有12条线路，包括主要的23个区。名单上的观光景点虽然密密麻麻，但幸运的是，都可以乘坐地铁轻松到达。

东京地铁的单程票是160日元起步，目的地越远票价越贵。如果你到东京玩，买一张"西瓜卡"准错不了。这是一种储值卡，和国内的公交卡差不多，办的时候押金500日元，离开日本的时候可以到站台退回。

日本

日本皇室居住地

哪里是全东京甚至全日本最尊贵的地区？答案显而易见！那就是位于东京市中心千代田区的——皇居！一国之君居住的地方，肯定是非常的富丽堂皇吧？没有到过皇居的朋友，一定会这样想。但事实上，这座被日本国民所敬仰的皇宫，却隐匿在大片树林和庭院深处，远远看去就像是藏在山坡上的庙宇……

皇居周围是宽阔的广场，前广场俗称"皇宫外苑"。在寸土寸金的日本首都，这里可算是市内绿地面积最集中的区域了。各种造型的树木在高楼的映衬下，显得生机勃勃，但最吸引人眼球的，还要算广场上那座策马扬鞭的"楠正成像"啦！

护城河环绕下的皇居，显得非常静谧。

怎么看不清他的脸呀？真是个奇怪的大叔。

快瞧他的头盔下面，好像是个鸽子窝。

楠大爷……

这就是差距！！

武略勇士——楠正成

楠正成（1294～1336），亦称"楠木正成"，是日本南北朝时期著名的武将。他在推翻镰仓幕府、保卫皇权的战斗中发挥了重要作用。1333年，他据守千早城，大破幕府征讨军。建武政权建立后，楠正成因为功绩卓越，担任河内国守，河内、摄津、和泉三国守护。1336年2月，足利尊氏领导的叛军进攻京都。5月，楠正成与新田义贞组成的联军在兵库一带迎击敌人。楠正成预料此战必败，但为了回报天皇的恩典，决心死战到底。最后，他在凑川兵败自杀，时年43岁。楠正成死后，曾一度被北朝定为"反贼"。但在南北朝著作中，还是被后人所称赞，被誉为"武略勇士"。

关于楠正成，还有这样一个有趣的传说。

好威武的楠正成像啊！它可是青铜质地的。

日本

65

据说，1331年8月27日，天皇做了个很奇怪的梦：皇宫的庭院前有一棵常绿树，伸向南面的树枝长得特别茂盛。树荫下依次坐着文武百官，唯独朝南的上座是空的。"这是为谁而设的座位呢?"天皇感到很奇怪。正在思量的时候，忽然出现两个扎发簪的孩童，跪在天皇面前哭着说："天下已没有皇上栖身的地方了，只有那树荫下朝南的座位，是专为皇上留的，请您坐在那里吧。"说完，他们就向天上飞去，消失不见了。

不久，天皇醒了，认为这是上天托梦给他。他努力思索梦中的景象，提笔写下一个"木"字。想了想，又在旁边加了个"南"字，最后，出现在纸上的是"楠"字。

天亮后，天皇便问身边的僧人，附近有没有姓楠的武士。僧人说有个叫楠木正成的人，武艺高强。于是，天皇立刻下令将楠木正成召进宫，并委以重任。就这样，这位被后世尊称为"武略勇士"的一代名将，踏上了为国家效忠的漫漫长路。

位于皇居正门前的二重桥，将皇室与草根隔离得很彻底。

除了东边的东御苑平日对外开放，皇宫内苑是不许一般人入内的。

一条护城河，把面积不小的皇居环抱在中央。清澈见底的护城河上，是皇居正门前最著名的景点——二重桥！它古朴中透露出庄严，显得异常神圣。"二重桥"的一重桥身，是眼镜造型的石桥，另一重是铁桥。它们其实是平行的，但远远看去就好像重叠在一起，"二重桥"之名，由此而来。

马小跳环球旅行记

皇居的两座小白楼交相呼应，显得非常安静。

对外国游客来说，皇居是个很神秘的地方，对日本国民来说也是如此。每年的1月2日（新年）和12月23日（天皇诞生日），日本国民可在此亲见天皇的真容，其他时间他们只能在皇居之外的公园和广场游玩。

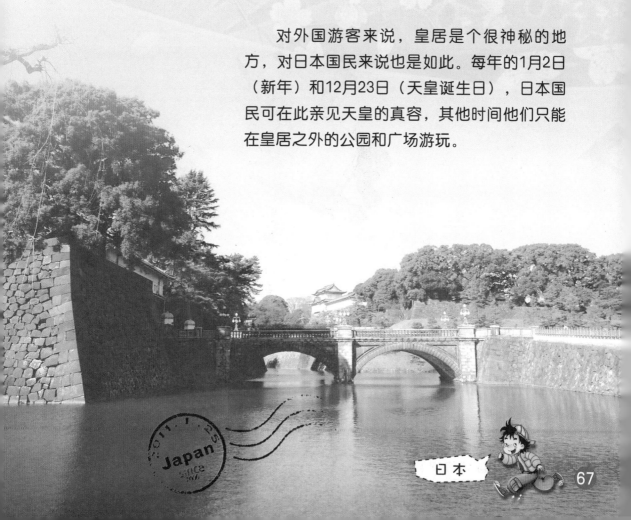

日本

浅草的荣光

浅草寺算得上是东京最古老最神圣的寺院。它因一座观音像而闻名，多年来香火鼎盛。传说1400多年前，大约是推古天皇年间，东京这一带还是个小渔村，有两个渔民兄弟捕鱼时捞到一尊金观音像，用手指比划着，也就5～6厘米大小。这兄弟俩就把观音像带回家供了起来。从这以后，兄弟俩出海捕鱼，每次都满载而归。于是，附近的渔民不答应了，要求有福同享！大家一合计，决定共同"集资"修建一座庙宇，虔诚地供奉这尊观音像。这座寺庙，就是后来游客络绎不绝的——浅草寺。

浅草寺的正门上，挂着一个高5米，直径6米的巨型灯笼。雷神与风神的雕像护卫左右，几乎所有的游客都会在这里合影留念。

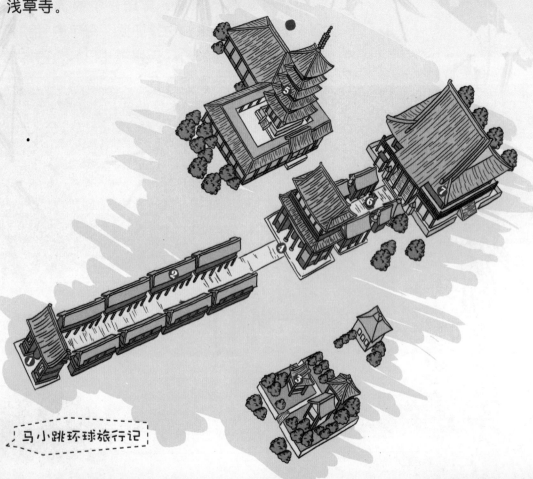

马小跳环球旅行记

五重塔夜景

雷门挂件

　　浅草寺"建出规模，打响名号"是在日本江户初期，因为与德川家族结下了关系。江户时代的将军德川家康重修浅草寺，并把这里指定为幕府的祈愿所，使它一跃成为大寺庙。

　　①雷门：毁于1865年的大火，直到1960年才重建。

　　②仲见世街：这里能找到最具日本民族特色的工艺品，包括和服、发梳、扇子、人偶、灯笼……

　　③弁天山钟楼：里面的大钟在江户时代曾用作报时器。

　　④宝藏门：1964年建成，楼上的宝物收藏室内陈列着大量14世纪的中国佛经。

　　⑤五重塔：1973年仿造原塔建造。

　　⑥香炉：寺院中最具人气的地方，人们围在香炉周围，祈求佛香给他们带来健康。

　　⑦主厅：建于1958年，里面供奉着镀金的观音神像，祭拜者、祈福者终年不绝。

日本

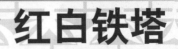

红白铁塔

位于东京芝公园西侧的东京塔，是日本的标志性建筑。它以巴黎埃菲尔铁塔为范本建造，但比埃菲尔铁塔高出近10米，是当今世界上最高的自立式铁塔。

身穿红白"双色服"的东京塔，在这座城市有着举足轻重的地位。用"能者多劳"来形容这个高个子的大家伙，最合适不过了：东京城内各大电视台、电台的电视广播无线信号都是由它发射的。除此之外，它还身兼数职，担负着航标、温度测量、风向风速测量等一系列重要任务，很厉害吧！

在塔身150米和250米的高处，都设有瞭望台，人们可以乘电梯直达，也可以徒步攀登。

据说，在建塔的时候，人们破坏了原址上的坟墓，所以这里时不时会"冒出"一些怪事。

563级的阶梯不是小数目，大家千万要悠着点爬。

东京塔代表了日本先进的建筑技术，从1958年12月建成之日起，成为所有日本人的骄傲。

东京塔一天中最辉煌的时刻是什么时候呢？答案是——日落时分。随着176盏照明灯的瞬间亮起，原本中规中矩的铁塔被赋予了鲜活的灵魂。灯光下的东京塔仿佛被施了魔法，从原本普普通通的"灰姑娘"变成了光彩夺目的"公主"。生活在这座城市的人们多幸福啊！从日落到午夜12点，他们都能欣赏到东京铁塔在夜幕下的美丽容颜。更有意思的是，灯光的颜色还随季节变化：夏季是清爽的白色，春、秋、冬季则是温暖的橙色。

有见过这么高大的灰姑娘吗？有见过这么威武的公主吗？这个比喻也实在是……

日本

台场之夜

名字的由来

  台场又称"御台场"，是一座建在海面上的"城市"。关于城市名字的由来，还有一段小小的插曲，那就是著名的"黑船来航"事件。

  当时的江户幕府原本打算在观音崎（今神奈川县横须贺市）与富津（今千叶县富津市）之间建立防卫线。不料，工程还未完工就在1853年遭到了美国海军司令马休·佩里率领的四艘军舰突袭。船坚炮利的美国舰队轻而易举地突破了日本的海防线，在浦贺（今神奈川县横须贺市）登陆，打破了日本多年的锁国政策。

  "黑船来航"事件的发生，激发了幕府的危机意识，为了抵御外敌入侵，他们匆匆忙忙地在东京湾内赶制西式的海上炮台。从此，这里便被称为"台场"。在这众多的炮台中，位于江户湾（今东京湾）内的品川外海所修筑的一系列炮台最为著名，被称为"品川台场"。

全东京最新颖时尚的购物中心和娱乐场所，都集中在这里。

 台场的中心地带——"水色之城"。

如今的台场，已成为全东京最漂亮最新潮的地方之一。特别是夜色降临之后，这块在大海上建造起来的"人造陆地"，显得越发迷人与绚烂。

 ## 幸福摩天轮 、

来到台场，一定要坐摩天轮。因为这里有全世界最大的"幸福摩天轮"。

日本

73

传说中会带来幸福的摩天轮。

好漂亮啊，冲啊！

又是摩天轮……饶了我吧！

　　许多年轻人喜欢"幸福摩天轮"，是因为一个神奇的传说：在摩天轮上，有一个全透明的座位。每天的正午12点，情侣们如果坐在这个座位上到达摩天轮的最高点，他们就一定能相伴终身，幸福到老。大家都想成为幸福的人，这样透过悬挂在半空中的摩天轮观赏脚下的世界，或许就是一种平和而满足的幸福吧！

彩虹桥下看彩虹

　　夜幕下的御台场海滨公园，气氛总是特别的好。海风迎面扑来，人们优哉游哉地散步，只要轻轻一抬头，就能看到不远处彩虹大桥的亮丽身影。

　　彩虹大桥是台场的美丽标志，全长1700米，有南北两条路线，专门为连接台场与芝浦而造。名字叫作"彩虹"，是因为它的形状，也因为每个夜晚

这样的彩虹，你见过吗？

它的耀眼与璀璨。这座横跨东京湾的白色吊桥分为上下两层，拉伸用的悬索在半空中舒展出优美的弧线，在海面的映衬下，显得格外赏心悦目。

想要看到期待已久的"彩虹"，可得有点耐心。1，2，3，夜灯亮起的那一瞬间，绚丽的彩虹，你看到了吗？没错，在大桥的悬索上，装有红、白、绿三种颜色的灯泡，共有444盏。它们利用白天吸收的太阳光为能源，在晚上将整座大桥装扮得流光溢彩。这样光芒万丈的"彩虹"横跨海面，太让人感动了！

这里，不就是日剧里常常出现的大桥吗？多么像彩虹啊！

老妈看到这个还不乐死啊！

某人的老妈是狂热的日剧迷。

日本

"穿越"的自由女神像

提到"自由女神像"，我们理所当然会想到美国纽约。但在东京的台场，也有一座自由女神像。

东京的自由女神像，和美国的那座简直一模一样。当然啦，因为是复制品，尺寸要小得多。因为神像背后同样是港湾，同样有高楼，初来乍到的朋友会产生"难道这里是纽约"的错觉，也就不足为奇啦！

要说这座自由女神像的来历，还得追溯到"遥远"的20世纪：1998～1999年，是日本的"法国年"，巴黎市的自由女神像作为"亲善大

难道我们在不知情的状况下，开启了时空隧道，然后来到了美国纽约？

我不是看走眼了吧，这里怎么会有自由女神像？

某人的想象力真是有如滔滔江水，连绵不绝啊！

使"，一路坐飞机"飞"到了台场。不过，现在耸立在彩虹桥前的女神像，是原物归还后，在回应一片惋惜声中制作的复制品——展出结束后，日本政府于1999年3月申请复制神像，获法方同意；2000年，神像复制完成并揭幕。虽然雕像是仿制的，但台场的逍遥自在却是原创的，这么充满活力，这么光鲜闪亮，难道你不心动？

彩虹桥+自由女神像，第一次看到这样的景象时，可不要太吃惊呀！

非常实用·小贴士

自由女神像"本尊"

　　自由女神像的"本尊"只有一位，那就是——美国的自由女神像。它坐落在纽约市哈德孙河口附近，是法国在1876年赠送给美国独立100周年的礼物。美国自由女神像，高46米，底座高45米，全称"自由女神铜像国家纪念碑"，正式名称是"照耀世界的自由女神"。整座铜像以120吨钢铁为骨架，80吨铜片为外皮，用了30万只铆钉装配固定在支架上，总重量达225吨。巴黎铁塔的设计师埃菲尔为它"创造"了骨架，雕刻家维雷勃·杜克则"打造"了它的身躯。自由女神像1884年在巴黎竣工，1942年被美国列为国家级文物。

日本

不可不玩的电器街

　　东京有高耸的铁塔，古朴的皇宫，热闹的会馆，还有一个特殊的存在——秋叶原。它是无数"电器达人"和"数码败家仔"的天堂，是"东京体验之旅"的必到之处！

　　江户时代的秋叶原，曾经是下等武士的聚居地。1870年，当地人从静冈迎来了"秋叶大权现"神像，秋叶原的地名就这样延续了下来。至于为什么会"变身"为电器街，那要追溯到第二次世界大战后。在战争中被炸得稀烂的秋叶原聚集了一批收音机商人，渐渐形成了数百家露天小摊和几十家正规商店。在这以后的数十年里，秋叶原经历了黑白电视、电冰箱、洗衣机、音响、录像机等一代代"新鲜电器"的洗礼，终于形成了现在"华丽的一整片区域都是信息产业"的规模！

　　"秋叶原就是升级版的中关村啊！"初来乍到的中国游客总爱这么说。虽然是一句玩笑，但也道出了一个事实——这条表面上普通得不能再普通的电器商业街，其实是藏龙卧虎，高手如云啊！

马小跳环球旅行记

下面是秋叶原的几大关键词，一定要牢记哦！

关键词：砍价

在这里买东西，"讨价还价"那是必须的！讨价三部曲就是——（1）多找几家店铺比较价格；（2）找一个会说外语的店员；（3）"快、狠、准"一砍到底！

关键词：小店

秋叶原"隐藏"着许多看似不起眼的小店，发烧友们最喜欢一头扎进这里，淘自己喜欢的东东。请放心，小店虽小，质量极好。秋叶原的口碑是没得说的！

关键词：动漫

这里满世界都是久负盛名的动漫产品。一家家动漫店铺就像雨后的小嫩芽一样在这里"茁壮成长"。漫画书、玩偶、卡片……一部动漫作品是否具有人气，在这儿就能知道答案！

秋叶原街头，人潮涌动，这里集中着数百家大大小小的店面。

秋叶原夜景

日本

79

艺术，就是这样传统

神奇的"老古董"

虽然只是面具，看着还是让人心里毛毛的。

（1）

我要演你了！

心潮在彭湃……

（2）

不要乱摸，很失礼的！

（3）

马小跳环球旅行记

能剧表演

能剧的起源，可以追溯到8世纪。作为日本历史最久远的传统戏剧，用"老古董"来形容它一点都不过分。除了舞蹈、戏剧、诗歌和音乐以外，表情丰富的面具、宽大的服装、夸张的动作都是它吸引人的地方。

能剧所描绘的并不是我们熟悉的生活，而是一个虚幻的超现实世界，主角人物多半是超自然的英雄化身。所有的剧情都由这位"大英雄"来推动，给观众极大的冲击和震撼。

虽然能剧富有另类的美感，但离"人见人爱"还是有不少距离的。因为它在表演时，演员很少，动作很慢，没耐心或者对它没啥了解的人，最好还是对能剧敬而远之吧！

能剧表演者

爱看不看·小·贴士

能剧中的面具

只有主角和特定角色，才能在能剧中佩戴面具。能剧演员尊面具为圣，他们表演时穿的衣服、袜子可以给别人看，但唯独面具不行！面具像珍宝一样放在铺着锦缎的木盒里，别人是不可以随便看的哟！

日本

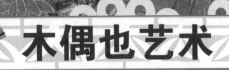

木偶也艺术

文乐，准确的说法是"文乐人形净琉璃"，它是日本传统的木偶剧。在介绍它之前，我们先来讲一个凄美的故事吧！

很久很久以前，在日本的三河国，有一个富翁的女儿净琉璃姬。她精通古今诗文乐理，善弹琵琶，是一个十分美丽且多才多艺的女孩子。有一天，少年牛若丸路经此地，与净琉璃姬偶然相逢。几乎从彼此对视的第一眼起，两人就相互产生了爱慕。他们约定三日后在相遇的地方再见。但是，好事多磨。牛若丸和净琉璃姬分开后，回去就得了重病，更遭恶人所害，尸体被丢在了河滩上。净琉璃姬闻讯去寻找牛若丸，夜间在河滩哭泣不止。净琉璃姬的真挚爱情感动了上天。在神灵的帮助下，净琉璃姬终于哭活了牛若丸。牛若丸是一个有才略有抱负的青年。为了心中的理想，他忍痛与净琉璃姬暂时告别，踏上了遥远的征程……

2003年11月，文乐被联合国世界教科文组织正式认定为世界非物质文化遗产。

马小跳环球旅行记

这个动人的故事被后来的人们反复吟唱，它成为"净琉璃"也就是文乐最初最重要的表演作品。

木偶表演、三弦音乐和情感充沛的说唱曲艺，是文乐的三大组成部分。不过，此木偶非彼木偶，和那些过家家似的木质小人儿不同，文乐中的木偶，是几乎与真人一般大小的"人偶"。它们一般穿着精致的衣服，双手可以"活动"，由三位操作者联合"控制"。

划拳输了的两个家伙

马小跳　　路曼曼

"人形"的意思是木偶或傀儡，"琉璃"的意思是伴以三味线演奏的戏剧说唱。

主操作人穿着传统的和服，不但要表演人偶的动作，还要生动地表达人偶的情感；另外两位助手就比较寒碜啦，因为他们穿得一团漆黑，还不能露面！尽管这样，两名助手还是一边一个，兢兢业业地配合主操作人一同操作表演。

日本

京剧的姐妹花

　　歌舞伎在日本的地位，堪比中国的京剧，两者并称为"东方艺术传统的姐妹花"。

　　它起源于17世纪的江户时期，经过了漫长的发展之后，"粉丝群"不断扩大，成为日本最受欢迎的戏剧艺术。华美的装扮、宏大的场景和绚丽的舞蹈，是歌舞伎表演的三张"王牌"，演员的"美型"指数，绝对能引发观众高分贝的尖叫。比光彩夺目的外表更能吸引人的，还有那精湛的演技。歌舞伎中的"伎"，就是表演技巧的意思，也是这项艺术真正的价值所在。

　　虽然歌舞伎的演员是清一色的男性，但它的开山鼻祖是日本古代一位非常有名的大美女——出云阿国。她本是岛根县出云大社的一位巫女，为了募集大殿的修缮费来到京都。阿国在闹市搭戏棚，表演《念佛舞》。这本来是一支表现宗教的舞蹈，但聪明的阿国女扮男装，即兴加入了许多简单却诙谐的情节。毫无疑问，演出引起了轰动，在东京、大阪等地引起了强烈反响。

　　这就是现代歌舞伎最初的样子，阿国独创的《念佛舞》经过不断充实和完善，从民间传入宫廷，最终成为独具风格的表演艺术。

歌舞伎妆容

男扮女装的歌舞伎演员。

马小跳环球旅行记

女形源小银

歌舞伎

那个臭屁的家伙怎么一晃眼就不见了?

繁华的歌舞伎一条街。

"男扮女装"是歌舞伎表演的一大特色,那些扮演女子的男子形象,被称为"女形",有点类似于京剧中"花旦"的角色。虽然是男子,但舞台上的一招一式,还是让观众沉迷在"女形"的魅力之中,非常具有感染力。

日本

85

体验奇妙的
日本茶道。

道，道，道

茶道、

　　茶叶在中国唐朝时期传入日本，出人意料的是，日本人竟然发展起一套独特的茶道，从种茶、饮茶到品茶，比起中国式的茶道，丝毫不逊色。

虽说……是茶道的基本礼仪，但是真的好……麻！

我的腿麻得就像蚂蚁在啃一样。

还要跪多久啊？

马小跳环球旅行记

日本茶道十分讲究，茶具必须整洁干净。

　　16世纪末，千利休继承了历代的茶道精神，创立了日本正宗茶道，并提出了"和敬清寂"的日本茶道精神。四个字单从字面看非常简单，但它们的意义相当丰富："和敬"，代表了为人处世的态度，"清寂"强调的是品茶时必需的气氛。看来，只有茶友之间静心清神、真诚沟通，才能在品茶中悟出"道"的深意。

　　日本茶道大概是最复杂的喝饮料方式了。那些正式的仪式，要求多得超出你的想象：茶叶要碾得精细，茶具要擦得干净，室内布置要整洁，主持仪式的茶师动作和语言要得体，点茶、煮茶、冲茶、献茶，每个过程都要一丝不苟。客人双手接过茶，先致谢，然后三转茶碗，轻品、慢饮、奉还，再对茶具进行鉴赏与赞美……

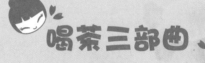

喝茶三部曲

我们喝的根本不是茶，喝的是一套复杂的表演。

1.左手捧着茶杯，右手扶着茶杯。
2.按顺时针方向转大约90度。
3.分成三小口喝完。

　　茶道的本质，是让人在生活的平淡之中感悟人生。今天的日本，茶道依然是大家非常喜欢的一种典雅文化。

日本

花道、

本来想插个"春意盎然"的，结果变成这个样子了……

哈哈，还是我的"春日小曼曼"比较有趣嘛！

14世纪，日本贵族和僧侣会分两派将插花作品摆出，根据花形和花器来评定优劣，这就是今天日本花道展览会的前身！

日本花道源于中国隋唐时期的佛堂供花，随着佛教传入日本。日本人天生喜欢追求细节，当枝、叶、花朵到了他们的手中，便不再是简单的装饰。它们被艺术性地插入花器中，摆出各种造型、色彩甚至是意境，成为日本特有的传统艺术之一。

花道截取了树木花草的枝、叶、花朵，体现了人与自然的契合。

日本当代的花道舞台，有三大著名流派：池坊流、小原流和草月流，每一派都有超过百万的弟子。虽然每个流派的特色不同，但花道的精神却是统一的——追求天、地、人三位一体的和谐。好的插花就像一件艺术品，用线条、形态、颜色的搭配来追求"端、美、雅"的意境，赏心悦目两相宜。

如今的日本，花道几乎成为人们生活中不可分割的一部分。插花的身影经常出现在各种节日中：新年里，代表永恒的常青松和竹子搭配，象征青春常驻；3月3日女儿节，用桃花装扮传统木偶，祝愿女孩像花一样灿烂；9月，人们集会赏月，用南美洲草摆设花道造型，代表丰收的秋天；等等。一枝一叶，一草一木，日本人将插花升华为"道"，成就了一门优雅的艺术，也诠释出一份恬淡的心境……

书道、

日本书法经典名帖
《三十三帖册子》。

除了茶道、花道，日本的传统艺道还包括"书道"。据说，唐太宗下令收藏王羲之的作品，一时间这位大师的作品身价倍增。这些字流传到日本后，整个岛国大为惊异！人们竞相模仿，日本书法艺术的全盛时代就这样拉开序幕。随着平安时代假名文字的确立，书法成为了日本王公贵族们的必修课。和中国一样，日本的书道追求意境、情操和艺术的和谐，并不是简单的写实和临摹这么简单哦！

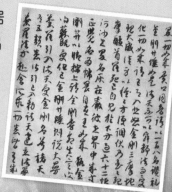

快来看看，我的大作。

这个"8"，就是所谓的大作啊？

总觉得不是"8"字这么简单啊！

把汉字认作阿拉伯数字的两个人。

日本

"美色" 全接触

完美富士山

富士山果然厉害!

和照片上看到的一模一样啊!

"圣岳" 在此

富士山是日本第一高峰,也是世界上最大的火山之一。完美的圆锥形山体和终年白雪皑皑的山巅,是它最吸引人的地方。"圣岳"的名号由来已久,在日本人心中,它是民族精神的象征,是所有人心中的骄傲。

愿望你个头啊!我们是去爬山,不是去拜神!

最最英明的圣岳啊,请满足我小小的愿望吧!

富士山海拔约3700米,位于本州岛中南部,横跨静冈、山梨两县。据说公元前286年的一次地震形成了富士山。在历史记载中,它一共喷发了18次。好在1707年以后,它就安静了下来,没有再次"发怒"。

马小跳环球旅行记

富士八峰

　　虽然有柔美秀丽的一面，但作为一座处于休眠状态的火山，富士山曾经相当"狂躁"。由于火山口曾多次喷发，它的山麓形成了无数个大大小小的山洞，个别山洞直到现在还"情绪激动"，时不时出来闹闹"情绪"，喷个气。

　　山上有一大一小两个火山口，最大的直径超过800米，深200米。而环绕着火山口边缘的，就是鼎鼎大名的"富士八峰"：剑峰、驹岳、三岳、大日岳、伊豆岳、白山岳、成就岳、久须志岳。它们沿着富士山的主峰向两边延伸，富士山显得越发壮美。

风景宜人的富士山，多么令人向往啊！

爱看不看·小贴士

富士山的传说

　　"富士"意为"火神"，源自日本少数民族阿伊努族语。日本人崇尚"山人合一"的理念，把它视为神一样的存在。据说，过去只有僧人和修行的人才能上山攀登，只要在富士山顶看到日出，就会有好运降临哟。

日本

Japan

相约富士之巅

通往富士山的路，其实一点都不好走。

越往山上走，景色越苍凉，四周覆盖着火山熔岩和火山灰。登山者们只能在沙砾中寻找曲折的小道，深一脚浅一脚的，行走非常辛苦。虽然攀爬富士山是个体力活，但每年还是有超过30万的人愿意一试身手——有谁能抵御登上富士山看日出、观云海的那种心灵震撼呢？

你们太没用了，走了这么点路就成这样了！

好……喘……

马小跳环球旅行记

富士五湖

富士山下还有五个湖，被称为"富士五湖"。它们从东到西，分别是山中湖、河口湖、西湖、精进湖、本栖湖。

山中湖，湖中山。

山中湖：面积最大，湖边有很多运动设施，可以在这里滑冰、游泳、露营等。

河口湖：是五湖观光的中心，在它平静的湖面上，可以看到富士山优美的倒影。

西湖：最受游人宠爱的一个湖，因为被破坏的程度最低，所以风景最秀美。

富士山与精进湖。

精进湖：五湖中面积最小的湖，是钓鱼的好去处。

本栖湖：湖水最深，颜色最蓝，印制在面值5000的日元上的，就是本栖湖哟！

本栖，樱花，富士山。

富士山与西湖。

富士山与河口湖。

京都名胜数一数

有故事的城市

最初，它的名字叫平安京（意为"和平与安定的京城"），是模仿中国隋唐时期的长安和洛阳建造的城市。经历了大火、地震和战乱后，京都几次被夷为平地。1868年，它很不幸，失去了首都的地位……

古都，历来就是要承受磨难的呀！

听着感觉好悲情。

金光闪闪金阁寺

金阁寺的大名，在全世界都响当当。其实，它正式的名字叫"鹿苑寺"。因为寺院外墙全部包着金箔，看上去金光闪闪，才由此得名。

金阁寺位于京都市北。1397年由当时著名的幕府家族足利第三代将军足利义满，作为别墅而建造。这位将军的名字，是不是觉得有点耳熟？没错没错，就是动画片《聪明的一休》里那个总喜欢和一休较劲的可爱将军。想不到他会这般大手笔吧？

"住宅式的建筑，配以佛堂式的造型"，是金阁寺最出彩的地方。这座三层楼阁矗立在镜湖池水畔，每一层都象征着不同时代的特色。阳光明媚的日子里，金碧辉煌的金阁寺倒影在一汪碧水中，华丽的金色和清澈的蓝色在微风中晃动，美得像画一般，让人目眩神迷。

🌊 流光溢彩的金阁寺。

🌊 雪中的金阁寺。

怎么样？被惊到了吧！寺院外墙全部以……

好耀眼，好璀璨！

真想把墙壁卸下来……

非常实用小·贴士
不穿"外衣"的银阁寺

　　金阁寺建造者的孙子为了纪念爷爷，特意建造了银阁寺。但是，由于战争突然爆发，银阁寺根本没有机会穿上本应有的银箔外衣。不过，古色古香的银阁寺内，有茶道、花道、书道等日本传统文化表演，非常值得一去哟！

日本

二条城

建于1603年，是德川幕府将军权力和财富的象征。华丽的内饰和鸟鸣走廊，是它最吸引人的地方。

果然很宏伟啊！

本丸御殿和二之丸御殿是二条城的主要建筑。殿内的墙壁和隔门上到处是华丽的画，它们都出自当时一流画家之手呀！

夜色中的二条城，显得更加神秘了。

爱看不看·小贴士

狩野派绘画

这个派系的画家，来自"骁勇"的武士家庭。15世纪，他们以中国式的山水画、花鸟风景画而名声鹊起，成为一代画家。为了迎接皇室的访问，家康的孙儿家光将当时顶级的狩野派画家都请到二条城，创作了大量的作品。

①幕府的卧室
②黑书院
③樱花树画：纸拉门上盛开
的樱花树是狩野尚信创作的。
④庭院：这里有各种各样的
岩石。

⑤接待室：这里是二条城
的核心，是专门为了天皇造访
而建的。
⑥鸟鸣走廊：地板下面有
金属片，人踩到地板上时，会
发出类似鸟鸣的声音。

日本

97

一草一木皆禅意

清水寺是京都最古老的寺庙之一。它坐落在音羽山的半山腰上，与金阁寺、二条城并称为"京都三大名胜"。

清水寺的一草一木，一花一色，都像是从画里走出来的。春樱、夏雨、秋叶、冬雪，一年中的四季风光是如此不同，点亮了到访者的眼睛，也点亮了大家发现美的心。

通往清水寺的清水坡虽然很窄却不短，爬起来可并不轻松。所以在爬坡时，要做好充分的心理准备——平常缺乏锻炼的人一定得卯足劲儿，千万别还没到目的地，就累得败下阵来。不过，看看道路两旁的小店倒是不错的"注意力转移法"，比如精巧的清水瓷、好吃的京都八桥日式点心、可爱的抹茶冰淇淋……保准让你有奋勇向前的动力！

就这个速度，明天都到不了！

越走越慢的某些人。

仁王门是清水寺的入口，在它的阶梯两旁，各有一只石狮子。两只狮子就像两位"迎宾大使"，伫立在大门边，迎接前来参观的游客们。

🐉 漆着鲜艳朱漆的仁王门。

所有到这里游玩的人，都想亲自敲响钟楼里的这口钟。不过，寺门重地，奉劝大家还是安分一点。

🐉 有恐高症的人千万别登上清水大舞台哟！

🐉 这座钟楼是清水寺历史最久的古迹。

清水大舞台是清水寺的本堂。本堂临崖而建，与舞台相连，左右两边建筑作为大乐室的翼廊。本堂的屋顶与两个翼廊的屋顶巧妙交错，从正面看是一层屋顶，从侧面看却是两层屋顶，很奇妙哟！本堂正殿供奉着十一面千手观音立像。据说，这座殿宇每隔33年才开放参观一次，最近开放的一次是2000年。

清水大舞台由139根高大的圆木支撑，远远看去就像是悬在半空中的。因为不是直接从地上建起来，而是"插在"半山腰上，所以整座寺院看上去更加气势恢弘。日本人喜欢用"抱着从清水大舞台跳下去的决心"来形容自己的毅然决然。看来，又高又险峻的清水大舞台果然"名声在外"，有恐高症的朋友还是悠着点，别太"冒险"了。

日本

这家伙长得真黑啊!

清水寺本堂里的大黑天像，矮矮胖胖的样子很可爱。不要小瞧他哟，他可是日本的财神，是日本七福神之一。看到他手里拿的万宝槌、脚下踩的大谷仓没？那可是有"丰衣足食"的寓意哟!

著名的音羽瀑布。

本堂的下方就是音羽瀑布，被列为"日本十大名水"之首。清水寺就是因为这个清泉而得名的。泉水一分为三，从左到右分别代表智慧、健康与长寿。所有到访这里的人都相信它有神奇的力量，若是下次来清水寺游玩，可别忘了喝上一口哟。

舀大勺一点啦，装满一点!

马小跳环球旅行记

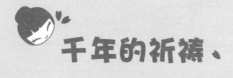

千年的祈祷、

京都是一座有故事的城市。785年，桓武天皇将国都从奈良迁到京都，当时的国号为"平安"，所以京都又被称为"平安都"。这里"三步一寺庙，七步一神社"，承载了一个国家的厚重历史。而平安神宫无疑是这座千年帝都的门帘，间隔开"过去"与"现在"，传递出巨大的精神力量。

平安神宫是明治二十八年（1895年）为了纪念平安朝迁都1100年而建的，它仿照平安时代最早的一座皇宫——朝堂院的样子缩小三分之二后复原重建。京都的第一位和最后一位天皇都供奉在这里。

平安时代，佛教在日本"蓬勃发展"。受中国文化的影响，平安神宫的神殿呈现出佛教庙宇的特色。宫殿采用了左右对称的建筑风格，以展示帝王的高贵。

日本园艺家花了二十几年的时间，才将神苑打造成现在的规模。神苑由东、中、西、南四个庭院构成，它们环绕在神殿的四周，就像"四大金刚"一样，守护着京都最神圣的殿堂。

日本

非常实用小贴士

神宫"三净"

进入神宫之前，先在这里进行三净：净手、净眼、净心。规矩很多也很繁琐，用长柄小木勺舀上一勺水，从左手心到右手心净手；再用一勺洗眼睛；最后舀一勺喝下去净心。

大家都非常虔诚。

红墙绿瓦的阁楼，在晴朗的天空下特别醒目。

右冲冲，左洗洗……

呆子，反了！

净……心……

马小跳环球旅行记

神宫的广场是沙石地面，人走在上面会"吱吱"作响。据说当时是为了防范刺客，久而久之演变成了一种文化。雨水和灰尘顺着沙石的缝隙渗到下面的土地里，广场的地面看上去洁白如雪，为神宫增添了几分庄重。初来乍到的外国游客比较可怜，因为面前的白色看上去太素净了，好多人都不忍心下脚踩，行走速度明显减慢。

每年10月22日，"京都三大祭祀"之一的"时代祭"在平安神宫举行。身穿和服的队伍驾着马车列队而行，相当的拉风！

大地一片白茫茫，真干净！

绘马

马氏不靠谱·小贴士

神社里的绘马

其实是参观神宫的人购买的祈愿牌，大多是一块五角形的小木片。一面画着各种各样的画，一面可以用来写或画自己的心愿，然后供奉在神社里。传说早先是将真马供奉给神社，因为马是神仙的坐骑嘛！不过马太贵，一般的人供不起，而且神社的人照顾马也很劳神，后来就改成现在这样了。

日本

八桥老铺的饼

"八桥饼"是京都最具代表性的名点特产了。它用米粉、砂糖、肉桂等制作而成，分为两种：一种叫"生八桥饼"，柔软润滑；还有一种叫"烧烤八桥"，口味酥脆。

马小跳环球旅行记

八桥饼的来历

"八桥"原是江户时代前期的一位音乐家。最开始，他使用"八桥城秀"这个名字，在大阪以演奏三味线出名。后来，他开始学习筝曲，并改名为"八桥检校"，毕生致力于日本筝曲的创作，最终成为日本筝曲的始祖。八桥去世之后，为了纪念他在音乐上的杰出贡献，京都人开始制作形状像古筝一样的点心，送给过往的人们。这就是京都名点"八桥饼"的来历。

芝麻八桥

在清水寺的"八桥老铺"，至今还保持着给过往客人派发"八桥饼"的习俗，同时还有日本茶免费供应哟！说是"派发"，其实更接近于试吃。然而，在这里品尝过各种口味的"八桥饼"之后，大家都会买上几盒作为京都特产送人。不过话又说回来，你都试吃了，不买多不好意思啊！

生八桥

送爷爷，送奶奶，送叔叔，送姑姑……

日本

105

走进姬路城

"蚕茧"中飞出的"白鹭"

　　"姬路"这个名字，听上去很美，就像是一位公主的名字。其实它在日语中是"蚕茧"的意思。因为附近两座山冈——姬山、鹭山长得就像两个大蚕茧，因而得名。它还有一个同样很美丽的别称——白鹭城。那白色的城池与蜿蜒的屋檐难道不像展翅欲飞的白鹭吗？充满想象力的人最能体会这个名字的梦幻之处。

　　姬路城的建设规模，可以用"前无古人"来形容——387吨上好的木材，75000块砖和瓷瓦，总重量达3048吨，还有数不清的巨大岩石，每块重量都在1吨以上。但姬路城最终还是矗立了起来，并以"优雅的白鹭"之称，名噪海内外！

　马小跳环球旅行记

外柔内刚的城堡

　　姬路城的外形非常优美典雅，但它并非像我们看到的那样柔弱。既然被称为"城堡"，它的坚固自然不在话下：外侧石垣、迷宫般的中庭和城楼组成三重螺旋型的"防御保护"。最外侧曲折的石垣，连接着城郭的各个区域，是一个高大的扇形斜坡，上部向外翘出，让人难以攀登。中庭的道路曲曲折折，就像迷魂阵一样，很短的路也要耗费很长的时间。在主城楼大天守阁的四角，还有四座小天守阁。在它们涂成白色的外墙之下，是巨石砌成的墙基。城楼的回廊中每隔1米就树立着一根柱子，是整座城楼坚固的"守护者"。

　　姬路城远远望去通体洁白，那是因为出于防火的需要，建造者在它的外部墙壁上涂了白色的灰浆。

　　天守阁是姬路城的心脏，这是一座建有雉堞和射击孔的宏伟城楼。

听源小银讲那古老的故事、

姬路城号称"日本第一名城"，是日本最美的城之一。从不同的角度欣赏姬路城，会发现不一样的美丽。这座著名的古城堡，凝结了古人的智慧，也流传着许多动人的故事。现在，就让源小银同学为大家讲述那流传百年的故事吧！

耶！讲故事是我的强项！

这里展示的都是武士们使用的武器。

第一个故事：石臼记

    姬路城从1333年筑城后，更换了好几位主人并不断得到扩建。1580年，著名的丰臣秀吉成为这块土地的主人，并下令建造天守阁。让丰臣秀吉没有想到的是，由于当时战局混乱，筑城用的石料出现了短缺。就在一代"风云人物"不知如何是好的时候，一位贵人及时出现——贵人不是什么显赫的大人物，而是一位普通得不能再普通的老婆婆。她说自己什么都没有，只有一个吃饭用的石臼。她愿意把石臼捐出来献给秀吉，帮助他早日建成天守阁。老婆婆的话让大家都很感动，于是百姓们纷纷捐献石头，工程才最终得以顺利完成。

    如果你够细心，在今天的姬路城石墙上，说不定还会发现许许多多"石器"的痕迹：石灯笼底下的础石、五轮塔、石棺……它们见证了筑城时石材的短缺！

这墙壁真是个石料回收场啊！什么东西都有，只要是石头就好。

日本

109

第二个故事：可怜的阿菊

一直到今天，姬路城依然流传着一个故事，一个名叫阿菊的女人的故事：500多年前，姬路城城主的管领企图谋反。城主手下的忠臣知道了以后，让他的恋人阿菊冒充女佣潜入管领家打探。可惜，老奸巨猾的坏蛋始终没有露出狐狸尾巴。管领不断在暗中扩充自己的实力，果然在不久后突然谋反。主人猝不及防，被管领夺走了姬路城，自己被迫逃离。

忠臣遭到陷害，不得不外逃。阿菊为了掩护自己的恋人，选择勇敢地留下来继续做卧底。不久，东窗事发。管领故意把老城主的传家之宝——十个碟子，藏起来一个，并嫁祸给阿菊，最后把她投到井里害死了。

阿菊被害死后，冤魂不散。人们常在井边听到她数碟子的声音，"一、二、三……"数到九以后就变成凄厉的惨叫，因为她怎么数都数不到第十个碟子了……

鬼故事啊，最讨厌了！

🌀 天守阁在樱花映衬下，显得越发端庄与美丽。

🌀 好可爱的白丸姬啊！

白丸姬，变身！

　　2009年8月1日，日本兵库县姬路市推出了以姬路城外貌为基础变形的卡通人物——"白丸姬"，以纪念姬路城建成400周年。

　　"白丸姬"是一个可爱的大头娃娃，有一张白白的大圆脸，头顶上戴着一顶"奇形怪状"的帽子，那是仿照姬路城的天守阁设计的瞭望楼型帽子。值得一提的是，这幅卡通画是从1598份被征集的作品中遴选出来的，作者是姬路市某公司职员田口友子。她在设计纪念卡通人物时还在瞭望楼型的帽子上添加樱花图案。作为评委的6位大学教授看到这幅设计后，异口同声地感叹这个形象"天真可爱"，拍板确定！

日本

北海道物语

北海道

知床

阿寒

札幌

洞爷湖

北海道的形状好像一只去了腿的大王蟹啊！

我长得有型多了，哪有这么壮实啊！

虽然占了日本1/5的面积，但北海道的人口只有东京的一半。与繁华的东京相比，北海道更像一首诗、一幅画、一支壮美且悠扬的田园交响曲……

冰雪之城——札幌

作为北海道的首府，札幌注定因冰雪而闻名。银装素裹的冬天是这个城市最美丽的季节，大片大片的雪花从空中散落，四处飘舞，让人仿佛置身于童话世界。

一年一度的雪祭，是札幌最盛大的节日。每年的2月，成千上万的游客从世界各地赶来，奔赴这场冰雪盛宴。白色笼罩下的城市，非常有活力，到处都能听到人们的"尖叫"声，一小半是因为刺骨的寒冷，更多的是因为高涨的热情——精彩的雪祭就要开场啦！

为什么不是冬天来，现在什么都看不到。

我们想象一下……

到时候你又会说为什么不是春天来，冬天太冷了！

大诵公园是雪祭的主会场。自1974年起，这里每年都会举办国际雪雕竞赛，来自世界各地的艺术家们汇聚到这里，展示大型的雪雕和冰雕作品。雪祭里的雕塑一般只展出7天，想拍照留念可要趁早哟！

今儿心情好，我就拿出私藏写真让你们见识见识！

小丸子和花轮同学的合影。

雪祭中无比开心的源同学。

这是什么东西呀？

猜猜这座雄伟的雪堡是哪座建筑？

日本

行驶的多啦A梦列车、

函馆"掌管"着北海道的向南出口，13世纪时，这里是流放犯人的地方。转眼到了20世纪，函馆摇身一变，成为日本重要的港口城市。

这里的朝市很热闹，这里的夜景很绚丽，但最让人向往的，还是那趟通往多啦A梦海底世界的神奇专列。从函馆的青函渡口出发，带着满心的欢喜与好奇踏上列车，不多一会，神奇的海底世界大门就会向你敞开。

多啦A梦海底列车的车身上，画满了动画片里的人物。宽敞整洁的车厢里，到处是多啦A梦和小伙伴们的"身影"。就连天花板上，也是大家的可爱笑脸！

小伙伴们都到齐了。

连座椅的靠垫也是多啦A梦。

天花板上的可爱图像。

列车里面真热闹。

列车在不知不觉中下潜到了海面下145米的地方。多啦A梦的海底世界到底有些什么呀？穿过长长的海底隧道，答案马上就会揭晓啦！

任意门、时光机、竹蜻蜓……多啦A梦究竟有多少宝贝啊？快瞧，大雄的房间，小学的教室，熟悉的街道……这都和动画片里看到的场景一模一样！

连接着梦幻与现实，传递着快乐与神奇，如果你想和多啦A梦来一次亲密接触，函馆的神奇专列一定不能错过哟！

满是多拉A梦的车厢。

大雄的家。

海底世界的入口。

多啦A梦真的睡在大雄的壁橱里面！

日本

绽放的花海、

　　早些年，偏远的北海道被人戏称为是"鸟不拉屎的地方"。但是，1975年随着一张花田写真的问世，这个曾经的贫瘠之地突然间热闹了起来。淡粉的樱花，紫色的薰衣草，艳黄的向日葵……一年四季，美瑛和富良野的花田中都有不同的色彩，大地仿佛铺上了彩色的地毯，迎接每一位来这里观光的客人。

　　要说美瑛独特的自然风光，"拼布之路"不得不提。因为这里的农作物无法连接，所以每年都要根据气候来栽种不同的农作物，如此一来，一块块形状不同、色彩不同的农田，就在大自然的"拼接"下，成了最瑰丽的艺术品。看，那高低错落的丘陵，宽广无垠的麦田和连绵起伏的远山，缤纷的色彩交织在一起，就像水彩画一样，美得让人移不开眼睛。

是不是很像油画？这是源小银的得意作品。

柔和的阳光洒在"拼布之路"上，一切都显得是那样美好。

　　都说北海道最美的季节在夏天。因为每年的这个时候，漫山遍野都是一片浓郁的紫色。没错，那是薰衣草装扮出的"紫色天堂"，富良野和美瑛这两个地方，也由于薰衣草的存在，连得更近了。

日本原本是没有薰衣草的。1937年，人们从法国引进了薰衣草的种子，选择与普罗旺斯纬度相当的富良野一带来栽种。从此，薰衣草在这里生根、发芽、开花，"东方的普罗旺斯"由此诞生了。每年的6~8月，是富良野最美的时节，铺天盖地的紫色淹没了一切，明信片、风景画上的花海奇观也不过如此……

好壮美的十岳连峰啊！

日本

117

铁锹自带，罐子自备

重点提示：如果有机会来这里，切记随身带个小铁锹或者备个小罐头瓶。挖几颗种子带回家再好不过了。这样，过不了多久，没准你家门前的院子也是鲜花朵朵开了！

🌀 樱花盛开的季节。

🌀 孕育中的花海。

马小跳环球旅行记

日本也有少数民族、

　　阿伊努人是日本的少数民族，主要居住在北海道地区。他们身材矮小，肤色浅黑，在世界已知人种中，是体毛最"茂盛"的。据说他们是高加索人的后裔，2000多年前就已经生活在这里了。

　　过去，阿伊努人以捕鱼为生，后来逐渐改为靠农耕为生。他们有自己的民族语言，善于刺绣、雕刻，还喜爱歌舞，创作了许多诗歌。因为没有文字，所有的"文化遗产"都凭记忆代代相传。

🌀 阿伊努族舞蹈。

🌀 札幌大通公园里，阿伊努人的塑像。

日本

活的遗产

在日本这个繁华又发达的国家，竟然有白川乡这样安静又简单的山村，真是个奇迹。更加神奇的还有这里的"民宅"——合掌造。它不但是白川乡独有的建筑，更是日本无可取代的"民族遗产"。1996年，合掌造所在的白川乡，被联合国教科文组织评定为"世界文化遗产"。

落魄贵族的发明

合掌造最早是谁发明的呢？这个问题可要追溯到很久很久以前的13世纪啦。据说源平合战后，战败的平氏家族为了躲避源氏家族的追杀，逃进深山老林，筑屋而居。

为了躲避追兵，更为了御寒，平氏家族就用茅草搭建起简单的房舍，以方便随时迁移和过冬。为了避免冬季的暴雪把屋顶压垮，他们将房子的顶尖造得非常陡峭。

马小跳环球旅行记

落魄的贵族给后人创造出了珍贵的遗产，没想到吧？现在保存下来的合掌造，只剩下非常少的一部分，它们全部集中在白川乡一带。

白川乡内大约有100多栋合掌造。

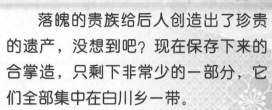

早跟你们说了源氏是大姓，这回信了吧！

该死的！

哈哈哈，死心吧，你是积不起来的！

合掌造可是百分百的木质建筑哟！

日本

121

奇迹是这样被发现的

20世纪50年代，一位德国建筑学家在一次很偶然的机会中来到了白川乡。后面的事情我们用脚趾头都能猜到——他发现了这种日本传统的民居，他感到无比惊艳，把它们介绍给了全世界……很快，人们从四面八方涌向这个偏僻的山村，观赏合掌造的精妙与神奇。

如果把合掌造当做简单的农舍来看待，那可真是低估了它们的价值。它最神奇的地方，就是不用任何钉子，只用绳子绑扎和木头接合，最后在屋顶上覆盖厚厚的茅草。远远看去，合掌造的屋顶仿佛是个大大的"人"字，像极了佛教徒跪拜时双手合十的样子。

合掌造的名字原来是这么来的呀！

哇！

合掌造里面其实还蛮宽敞的。

爱看不看·小贴士

全村出动换屋顶

每过三四十年，合掌造屋顶上的茅草就要被换掉。更换茅草是一项技术加体力的活。好在这儿乡亲们情同一家，每当哪家需要翻修屋顶了，肯定是"全村总动员"。

用来取暖和做饭的炉子

马小跳环球旅行记

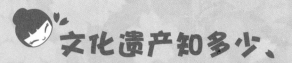
悠闲地走在乡间小路上，感觉与大自然贴得好近。身边的一景一物，散发出浓浓的田园气息。

文化遗产知多少

除了白川乡的合掌造之外，在日本还有一些著名的世界文化和自然遗产，我们来好好了解一下吧！

法隆寺（1993年列入世界文化遗产）

位于日本奈良的佛教寺院，建于607年，670年毁于大火，708年左右重建。重建时保留了封闭式长方形回廊的中门、五重佛塔和金堂（即大殿）。其中，金堂是世界上最古老的木结构建筑之一。堂内有从8世纪保存下来的佛教壁画，五重塔也是日本最古老的塔。

广岛和平纪念馆（1996年列入世界文化遗产）

又名原爆圆顶馆，位于日本本州岛南部的广岛市中心。1941年12月，日本偷袭珍珠港，迫使美国对日宣战。1945年8月，美国对日本的广岛、长崎投了原子弹。不久，日本宣布投降，第二次世界大战结束。这座圆顶馆是广岛遭到原子弹轰炸后，唯一没有倒下的建筑。广岛和平纪念馆的设立在于提醒人们：不要重蹈战争覆辙，维护世界和平。

日光的神社与寺庙（1999年列入世界文化遗产）

日本栃木县日光市的神社和寺庙的总称，也是江户时代——德川家康的陵寝所在。附近的轮王寺和二荒山神社也是世界文化遗产。在这里可以尽情领略江户时代华丽的建筑风格。

琉球古国遗迹（2000年列入世界文化遗产）

就是现在的冲绳群岛啦！历史上，这里一直是古代中国、朝鲜和东南亚国家经济文化的交流中心。14～16世纪时这里曾兴盛一时。

日本

美食知多少

国食当道

日本拉面

拉面在日本有多受欢迎？数数街头巷尾那随处可见的拉面馆、拉面车吧！那一张张伴着"呼哧呼哧"声快乐享用的笑脸，就是最好的答案。"没有拉面还怎么叫生活？"日本人总喜欢这样说。这话可一点不假。因为拉面是这个国家的"国食"！

据说，日本横滨南京街的中餐馆是日式拉面的发祥地。1871年，当时的明治政府与清朝缔结友好条约，南京街被规划为"清人居留地"，越来越多的中国人聚集到这里。南京街上原本有不少小饭馆，专卖面食、小吃，当地中国人常常光顾。时间长了，也会有不少日本人前来就餐。虽然这里有广东人、上海人、山东人……他们叫卖的口音各不相同，但在日本人听来，通通是"唐语"，听上去都是一个调——"Ra-Men"。久而久之，南京街的店家便将面

马小跳环球旅行记

食的名称统一成"Ra-Men"。起初的广东面与上海面都是咸味的汤面，但为了迎合日本关东地区的酱油文化，南京街的面食干脆也"改版"成了酱油味。至于谁是第一个在汤面里加酱油的人，答案是：不知道。

北海道札幌拉面、福冈博多拉面和福岛喜多方拉面是日本赫赫有名的"三大拉面"。要说味道有什么不同，关键还是汤料上的小小差别。日本的拉面汤料味道大致分为四类：骨汤面、清汤面、酱汤面、酱油汤面。现在最受欢迎的还是酱汤拉面。但不管何种拉面，各家汤料中一般还要加入自家的独特味道，比如添加进海带、竹夹鱼、青菜甚至还有苹果，汤的味道会变得非常妙。

浓郁的面汤，筋道的面条，狭小却温馨的环境，约上两三个朋友，谁说这吃的只是碗拉面？

呼哧呼哧，好满足！

爱看不看小贴士

便宜就是王道

日本的物价普遍偏高，想要吃得好，就要准备足够多的银两。不过，拉面就不一样了，一般400～600日元（约合人民币32～48元）一碗，上班族、学生、小朋友……谁都吃得起！物美又价廉，难怪人人都喜欢！

日本

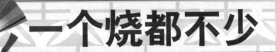

一个烧都不少

章鱼烧

日本章鱼烧，在中国大地声名远播。但说到章鱼烧的由来，就不得不提及"明石烧"。因为明石烧是章鱼烧的"父辈"，我们现在吃到的章鱼烧，就是由明石烧"进化"而来的。

日本关西地区有一个明石市，这里有一种叫"鸡蛋烧"的小吃，做法是用鸡蛋和面粉将章鱼裹起来然后烤熟。当地人亲切地将这种圆滚滚、软绵绵、金灿灿的小吃称为"鸡蛋烧"。鸡蛋烧"进军"大阪后，大家便以地名呼之，称为"明石烧"。

昭和八年（1933年），一个叫远藤留吉的人在大阪开了间小排档，兼卖一种用面粉加魔芋粉，再裹入牛肉，然后沾上酱油的球形小吃。因为这种球形小吃很像收音机上的球形按钮，人们送给它一个非常时髦的名字——"收音机烧"。

章鱼烧又名"章鱼小丸子"，在日本已有70多年历史了。

后来有一天，一位客人在远藤的店里吃完"收音机烧"后说："明石市的'鸡蛋烧'和这很像，但里面裹着的是章鱼肉，味道好得不得了。"说者无意，听者有心！就因为客人的这一句话，章鱼烧诞生了。远藤留吉结合"收音机烧"和"鸡蛋烧"，创造出了全新的"章鱼烧"。味道鲜美且模样可爱的章鱼烧一经推出，就在日本各地流传开来，而发明了章鱼烧的远藤留吉，便是著名的章鱼烧鼻祖"会津屋"的创始人。

章鱼烧皮酥肉嫩，味美价廉，是日本家喻户晓的小吃。

马氏不靠谱·小·贴士

章鱼烧同盟会

章鱼烧同盟会会规：

1. 要喜欢章鱼烧直到喜欢得不成体统。

2. 不管是星期几，一日三餐十有八九必须是章鱼烧。

3. 比炒荞麦面，比炒乌冬面，比日式铁板烧、韩式铁板烧等各式铁板烧，都更喜欢章鱼烧。

4. 吃的零食也必须是冷冻的章鱼烧。

5. 冰箱里必须时时刻刻存放着冷冻的章鱼烧。

6. 不用筷子而喜欢用牙签吃章鱼烧。

7. 能够在满员电车中旁若无人地津津有味地肆无忌惮地大口大嚼地吃章鱼烧。

8. 时时刻刻心心念念，脑子里要80%以上是章鱼烧。

日本

127

广岛烧

要体验国民美食的魅力，除了章鱼烧以外，什锦烧也是少不了的。作为日本十分大众化的铁板烧食品，什锦烧分成东京烧、大阪烧和广岛烧三大"流派"，不过下面要重点介绍的，是以混搭和满足感著称的——广岛烧。

广岛烧惹人喜爱的程度，绝对不低于一顿上万日元的精致料理。它是将调和好的面糊在铁板上煎，放上像山一样高分量的高丽菜丝，接着加上面粉、豆芽菜、猪肉、墨鱼……再摞上中式炒面和鸡蛋。听上去是不是很有料？好玩的还在后头！如果现场看广岛烧制作，师傅翻面的绝活千万别错过！一拨、一铲、一转、一收，如果功夫不过关，就会把配料撒得满地都是，那可就糗大了！

广岛烧要沾上特质的酱料，吃着才最有味道。尝起来甜甜咸咸的酱料，配上满满当当的食材，好有满足感！

月岛烧

　　既然提到了各种烧，那就再来说说东京特色的月岛烧吧！大约在明治年间，东京湾畔的月岛地区出现了许多零食杂货铺。这些被称作"驮果子屋"的小铺子，成了孩子们下课后最常聚集的地方。当时，有一种将面粉摊在铁板架上烤，煎成薄饼后直接坐着品尝的小吃，是"驮果子屋"里公认的"人气美食"。虽然里面没什么配菜，但吃的时候蘸上蜂蜜或酱油，还是让孩子们吃得很开心。

　　现在的月岛烧，不只是孩子们喜欢的小点心了，它的口味越来越"百变"，也越来越受欢迎。明太鱼子、年糕、卷心菜、鸡蛋……喜欢的食材统统可以加到里面，就连大人也抵挡不住它的吸引力！据说现在最受欢迎的口味，是加热之后会拔丝的芝士口味和改良后的咖喱口味。听上去很奇妙吧？有机会一定要亲自去品尝一下哟！记住了，坐在铁板前热呼呼地吃，才是月岛烧最正宗的吃法！

因为当时有许多孩童以玩乐的方式，用面糊在铁板上写出文字，所以月岛烧又被称为"文字烧"。

日本

你敢吃吗?

　　"拼死吃河豚!"这种勇敢者的美食,你敢吃吗?日本人就蛮有胆量的,做河豚、吃河豚、品河豚……从古到今一路盛行,河豚料理成了日本独特的饮食文化。

　　河豚肉到底有多鲜美?只有吃过的人才知道。但是,它的腹部有剧毒,鳍尾、肝脏和卵巢等处,都藏有毒汁。加工河豚鱼的厨师需要经过专业培训,严格考试,直到拿到指定部门颁发的"河豚加工许可证"后,才可以上岗!多亏了他们,大家才能品尝到这世间少有的美味。

河豚紫菜卷

一条河豚鱼可以加工成多道菜品，包括鱼鳍酒、凉拌河豚皮、生河豚鱼片、烤豚白、炸河豚、河豚锅……有机会去日本，丰盛的河豚宴千万不要错过啊！

河豚虽好吃，但不是人人都会烹饪的！吃的时候一定要小心，千万不能为了美味而赔上性命呀！

奶汤河豚

鲜河豚

三色河豚鱼冻

日本

它的名字叫便当

"便当"是什么？其实说白了，就是我们中国的盒饭啦！在中国，盒饭给人的印象就是简单的饭菜，但便当前加了"日式"二字，那就立马"脱胎换骨"，显示出非同一般的亲和力。这是为什么呢？看了你就知道！

可爱的凯蒂猫便当

日本便当种类繁多，既有几个饭团子加几根咸菜的简单便当，也有加了鱼子酱、生鱼片、鲑鱼子等高级材料的"皇家"便当；既有自家制的"爱心"便当，也有在超市、便利店、火车站卖的价格不一的便当；最便宜的便当二三百日元，最贵的便当要一万多日元！

日本便当不但花样多，还极有内涵。它的"诞辰时（生日）"，可以追溯到非常非常遥远的古坟时代（约4～6世纪），那时的便当还很简单，就是把做好的米饭在阳光下晒干。这样做出来的饭叫"干饭"，不易变质而且便于携带。转眼到了战国时代，这种"干饭"成为了武士在战场上的军粮。大约在桃山时代（16世纪下半叶），出现了现代便当的雏形。人们会把饭和菜摆在专门的盒子里，当时的大名和贵族经常在赏花和看红叶时携带这种便当。江户时代（17世纪）以后，便当就更加普及了，人们将便当走到哪带到哪。

打开盒子，里面的食物从色彩到内容都如此丰富，谁说这不是艺术品？这么高境界的美味，恐怕也只有日式便当能够做到吧！

马小跳环球旅行记

第一顿大餐

高级料理的昨天和今天、

　　说到日本料理，大家的第一反应肯定是寿司！就像中国的饺子、意大利的比萨饼一样，日本寿司风靡全球。作为越来越大众化的食物，寿司受到了全世界人们的喜爱。至于它的起源嘛，那就要追溯到很久很久以前的3世纪啦！据说寿司是从中国沿海地区传到日本的，最先只是用盐腌制的咸鱼，后来改为以米饭腌鱼，制成后将鱼和米饭一起吃掉。听上去是不是有点不靠谱？寿司料理的前身不会就真的这么"寒碜"吧？不过有句话说得好——"英雄莫问出处"，我们只要记住寿司现在的美味就可以了，以前的故事就让它消失在时间的缝隙中吧！

蟹肉寿司

鳗鱼寿司

日本

火龙套餐

珍珠鱼片寿司

　　要做出美味可口的寿司，最讲究一点：食材的新鲜度。传统寿司店为了保证新鲜的口感，都是在客人入店之后，临时点选，然后制作寿司的师傅再根据客人所点现场制作。如果你想吃到上乘的寿司，就得乖乖地耐心等待哟！在早些年的日本料理中，"寿司"几乎成了"高级料理"的代名词，对于普通人来说，吃寿司是一件十分奢华的事情。

　　特别值得一提的是，当时传统的寿司料理店，都没有在菜单上明码标价。这就让普通人对于寿司更加不敢轻易问津：万一点贵了，付不起怎么办？难道真的吃霸王餐，然后被扣下来刷碗啊？这么一来，"穷人"对寿司根本不敢随便问津——吃顿饭还要胆战心惊，太划不来了！

马小跳环球旅行记

怀石料理之寿司

转转更快乐、

幸好，后来出现了"回转寿司"。作为大众化的寿司，它的风头甚至在一段时间内盖过了传统寿司。要问为什么？答案很简单——价廉物美。

"回转寿司"的开创者是当时在东大阪经营小餐馆的白石义明。他率先打破了寿司店不明码标价的传统：他观察到自己的客人都是附近的工人，根本吃不起"高价寿司"。白石义明决定把价格降下来，以吸引顾客。他开了一家没有坐席（客人都站着吃）的寿司店，并在菜单上标出价格。因为售价比其他寿司店便宜，客人纷纷涌来，只能容纳10人左右的小店顿时人满为患。

寿司店的生意越来越好，白石义明脑子里又蹦出了新的想法：有没有可能用机器来代替人工呢？有一次，白石义明去啤酒工厂参观，生产线上的传送带使他受到了启发——"为什么不把刚捏好的新鲜寿司利用传送带送到顾客桌上呢？"这样既能节省空间，又能节约人手，还能提高用餐效率。

想法虽然很好，但新的问题又出现了。"木质是最适合的材料，但会加快寿司的变质，而铁质容易生锈。"白石义明为传送带的选材伤透了脑筋。最后，他锁定了目标——不锈钢。为了运转时能顺利转弯，传送带用月牙形的

东京的回转寿司店里，也有盒装的外卖寿司。

日本

不锈钢板组合而成。就这样，经过四年的反复试验，白石义明的第一家"回转寿司"店终于在1958年开张啦！人们走进店堂，可以看到一碟碟的寿司由传送带传送着，从眼前回转而过。座位就设置在传送带的一边，客人自己伸手就可以从传送带上取下寿司，最后根据所吃的碟数结账。很快，"回转寿司"这种半自助的新鲜就餐形式，被大家接受和喜爱，变得十分流行。

非常实用小贴士

美食传说——怀石料理

日本的饮食文化博大精深，其中最正统最享有盛名的，无疑是"怀石料理"。它距今已有450多年的历史，最早从日本京都的寺庙中传出来。

当时有一批修行的僧人，在戒规下清心少食，每当饥饿难耐，他们就把温暖的石头抱在怀中，以抵挡饥饿感，因此有了"怀石"的名称。后来，怀石料理将最初简单清淡、追求食物原味精髓的精神传了下来，发展出一套精致讲究的用餐规矩，从器皿到摆盘都充满禅意。

清清的清酒

吃日本料理一定要配日本清酒，这是不变的法则！在日本，清酒和茶一样，都是有着古老历史的传统饮品。据说远古时代，日本清酒不是用来"喝"的，而是用来"吃"的。因为当时的清酒是浆状的，很接近固体。后来，人们渐渐懂得了在浊酒中加入石炭，滤掉酒糟，"变身"成清澈的酒。

原料单纯到只有米和水，但滋味却好到令人难忘的清酒，真是不可思议的液体。想要酿出一瓶极品清酒，好米、好水必不可少。许多品酒师按照五种品质来鉴定清酒：甜味、酸味、辛辣味、苦味、涩味。听上去和品鉴葡萄酒差不多吧！但和喝葡萄酒不同的是，清酒很少装在玻璃杯里，而是用"猪口"（一种小瓷杯）或者四方小木杯盛来喝。

日本清酒里包含着的，是典型的日本文化。据说每年成人节（元月15日），日本年满20周岁的男男女女都会穿上华丽庄重的传统服装，约上年龄相仿的朋友一起去神社祭拜，然后喝上人生的第一杯清酒（日本法律规定未成年人不能饮酒），再在神社前合照一张饮酒的照片。这样的节日传统一直延续到今天。

喝清酒就像喝葡萄酒一样，是味蕾与精神的双重享受。

爱看不看·小贴士

最上等的米酒

5℃下冷藏的日本清酒，是公认最香醇最美味的，特别是大吟酿的清酒，用精选的日本米（日本米是世界上最好的米之一，由于品质好、产量少，一般只供应本土）和矿泉水酿制而成。

历史名人看过来

中日友好大师——阿倍仲麻吕

他是一个日本人，跟随遣唐使的船队，历经千辛万苦才踏上大唐的土地。

他热爱中国文化，成为唯一考中唐朝进士的国际友人。

他是盛唐时期许多著名诗人的挚友，还一度成为唐玄宗的宠臣。

他死后葬在了中国。

他就是，在中国和日本都有极高声誉的阿倍仲麻吕。

全名： 在唐时，称朝臣仲满，唐玄宗赐名朝（晁）衡

出生地： 奈良

生卒年： 698～770

主要成就： 日本著名遣唐留学生，中日文化交流杰出的使者

阿倍仲麻吕

传颂千古的中日友情。

马小跳环球旅行记

阿倍仲麻吕在唐生活50多年，历仕玄宗、肃宗、代宗三代帝王，是个不折不扣的中日友好使者。

698年（日本文武天皇二年），阿倍仲麻吕出生在奈良附近的一个贵族家庭。

717年3月（唐开元五年），19岁的仲麻吕随日本第九次遣唐使团从大阪出发经福冈，取道南路西航，在中国扬州登陆，当年秋天抵达长安。

721年，仲麻吕参加科举考试，考中进士。

752年（唐天宝十一年），仲麻吕由卫尉少卿提升为卫尉卿兼任秘书监（从三品）。

753年，随日本第十一次遣唐使团回国，在海上遇到风暴，与其他船只失去联系。

755年6月，辗转返回长安，从此，长期留在中国。

770年1月，在长安病逝。唐代宗为了表彰他的功绩，追封他为潞州大都督。

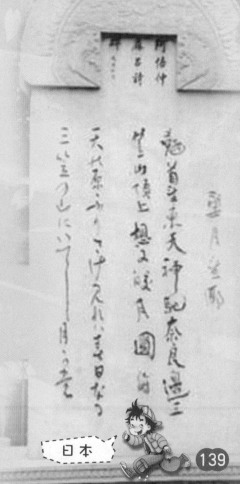

日本

他的朋友是诗仙、

诗仙，何许人也？这个问题连3岁小孩都知道！你知道诗仙和阿倍仲麻吕之间的友情吗？这段友情跨越了国界，跨越了生死，显得更加珍贵。

仲麻吕不仅学识渊博，才华超人，而且感情丰富，是一位天才诗人。他和同样个性豪迈的李白一见如故，成为莫逆之交。

753年（唐天宝十二年），阿倍仲麻吕55岁，在唐朝已经度过了36个春秋。正好当时日本派来的第十一批遣唐使要回国，勾起了仲麻吕的思乡之情。他向朝廷申请归国，唐玄宗同意了他的要求。仲麻吕以皇帝特派大使的资格伴送日本大使回国。

阿倍仲麻吕获准回国的消息传出以后，李白等友人都依依不舍。仲麻吕特意写了《衔命还国作》这首诗，算作送给朋友的礼物：

衔命将辞国，非才忝侍臣。

天中恋明主，海外忆慈亲。

伏奏违金阙，骓骖去玉津。

蓬莱乡路远，若木故园林。

西望怀恩日，东归感义辰。

平生一宝剑，留赠结交人。

字里行间，充满了惜别故人的真挚感情。

753年6月，阿倍仲麻吕随日本遣唐大使藤原清河一行辞别长安，南下扬州，赴苏州与准备第六次东渡日本的鉴真大师会合。他们在黄泗浦分乘四船起航向日本进发。不幸的是，他们的船队在海上遇到狂风巨浪的袭击，阿倍仲麻吕所乘的一号船和其他三船失去了联系，被风暴吹到了驩（huān）州（现在的越南北部）。登陆后，全船170多人遭到当地人的袭击，大部分人被杀害，只有包括仲麻吕在内的十余人幸存了下来。

李白昂首仰望远方，难道在思念远方的故人？

日本

阿倍仲麻吕等人在海上"遇难"的消息传到长安，李白听了十分悲痛，挥泪写下了《哭晁卿衡》的著名诗篇：

> 日本晁卿辞帝都，
> 征帆一片绕蓬壶。
> 明月不归沉碧海，
> 白云愁色满苍梧。

西安兴庆公园里的阿倍仲麻吕纪念碑。

诗仙把仲麻吕比作洁白的明月，把他的"死"，比作明月沉入碧海。因为是明月沉碧海，所以天愁人哭，万里长空的白云刹时间变得灰暗阴沉，一片愁色笼罩着天地人间。

好感人的友情啊！我真想大哭一场！

想哭就蹲到墙角哭呀，干嘛扯我衣服啊？

非常实用小·贴士

永远的纪念

为了纪念阿倍仲麻吕这位伟大的"中日文化使者"，两国分别在奈良和西安建造了"阿倍仲麻吕纪念碑"。西安的纪念碑坐落在兴庆公园的兴庆湖畔——也就是仲麻吕仕唐期间经常出入的地方（兴庆公园曾经是唐玄宗兴庆宫的故址）。在仲麻吕的碑上，镌刻着他的生平。当然啦，上面还少不了两首著名的诗篇：仲麻吕的《望乡》和李白的《哭晁卿衡》。

忧郁的人文豪

什么书这么厉害？能让源小银看得这么认真投入？

他已经在那里坐了快一个小时啦，好像在看什么书呀！

臭家伙，在看什么呀？

啊！

(1)

(2)

(3)

(4)

人家难得认真看书，你们还要来折腾！

完全看不懂！

全部是日文啊？

这本书的名字，就是《雪国》。

其实，人家也没有看懂啦！

日本

143

走进川端的世界

《雪国》是日本文坛巨匠川端康成的第一部作品，也是作者被授予诺贝尔文学奖时，评奖委员会提到的三部小说之一（另两部是《古都》和《千只鹤》）。单单从外表上看，你一定会觉得川端康成是个有些敏感和古怪的人。事实也的确如此，他的个性中带点忧郁，带点悲观，带点虚无，这种特质也反映在他的许多作品中。

明明是位受人敬仰的大文豪，明明创作出这么多永恒的美的形象，他为什么还会这个样子呢？难道他还不满足？那就让我们随着马小跳他们一起，走进川端康成的世界吧。

全名：川端康成

出生地：大阪

生卒年：1899～1972

职业：小说家

主要成就：1968年获诺贝尔文学奖

代表作品：《伊豆的舞女》、《雪国》、《千只鹤》、《古都》等

川端康成

《雪国》

"参加葬礼的名人"

1岁时，父亲去世；2岁时，母亲去世；7岁时，祖母去世；11岁时，姐姐去世；16岁时，祖父去世。川端康成的少年时代，不仅接二连三地失去亲人，还在无数个亲戚家中辗转生活。即便是这样，他还是在被动的情况下，不断地碰上亲戚的葬礼。有一年暑假，川端康成又一次参加丧礼，再加上为中学英文老师和一位好友送殡，表兄便送他一个"参加葬礼的名人"的绰号，表嫂和表妹甚至说川端的衣服"全是坟墓的味儿"，又加送他一个"殡仪馆先生"的"雅号"。

成年之后，回忆这段悲凉的童年，川端康成忍不住忧伤地说："在给祖父送殡时，夸张点儿说，全村五十家都因可怜我而掉泪。送葬的队列从村中通过，我走在祖父棺木的正前方。每当我走过一个十字路口时，站在十字路口的那些妇女便哭出声来，总听见她们说：'真可怜哪，可怜啊！'"或许，人们的怜悯，对少年川端康成来说，也是一种抹不掉忘不了的伤害吧！

145

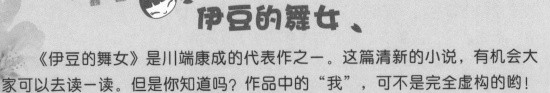

伊豆的舞女

　　《伊豆的舞女》是川端康成的代表作之一。这篇清新的小说，有机会大家可以去读一读。但是你知道吗？作品中的"我"，可不是完全虚构的哟！少年川端康成身上，或多或少有"我"的影子。

　　20岁的时候，川端最喜欢做的事情，是一个人躲在山上看日出，或者到河边看流水。但一次偶然的伊豆温泉之行，改变了他的人生——一个可爱少女的一声赞美，解开了川端冰封的心。善良又纯情的女孩让他无法忘怀。"女性是花，代表美"的想法，从此牢牢地扎根在他的心里。

《伊豆的舞女》

马小跳环球旅行记

20岁的川端康成，头戴高等学校的学生帽，身穿藏青色碎白花纹的上衣，围着裙子，肩上挂着书包，独自去伊豆旅行。在前往汤岛的途中，汤川桥附近，他遇见了一位歌女。那个女孩子看上去大约十四五岁，虽然头上盘着大得出奇的旧式发髻，鹅蛋脸却显得非常小，看上去又美丽又安静。她就像画像中的美人一样生动，让川端康成印象深刻。

他一路追踪着这个美的化身，但又不想被别人发现。当他在大雨中追上她们的队伍时，紧张得说不出话来。女孩子就像一道阳光，射进了川端康成原本孤独又冷漠的心房，让他感觉到自己整个人都生动了起来。

听着她在遥远处敲响的鼓声，他也会心满意足。少女用纤指敲得鼓"咚咚"作响，川端远远地听着，感觉记忆中的阴霾（mái）被一扫而光，心里亮堂堂的。可爱的少女，用她纯美的容颜与娴静的舞蹈，照亮了川端康成20岁的心灵，也照亮了他一生的路。

回到学校，川端像换了个人儿似的，一改过去郁郁寡欢的模样，向同学们滔滔不绝地讲他的伊豆见闻，兴奋得不能自制。

非常实用小贴士

人人都爱的伊豆舞女

《伊豆的舞女》深入人心，先后五次被改编成电影，人们在广播剧里听到了"好人哪"的清纯的女声，还在银幕上一睹舞女的芳容。文部省的国文教科书选了《伊豆的舞女》，在日本的许多地方，都能看到"伊豆舞女"纪念碑。这些纪念碑上，雕刻着舞女的单人像，也有她与"我"在一起的双人像。

日本

日本的"伏尔泰"

福泽谕吉

全名：福泽谕吉

出生地：大阪

生卒年：1835～1901

职业：思想家、教育家

地位：日本近代教育之父

　　福泽谕吉是日本近代杰出的启蒙思想家和教育家，也是日本近代文明的缔造者之一，他被誉为"日本的伏尔泰"。早年留学欧美的福泽谕吉，深受近代科学和西方资产阶级民主思想影响。回国后毕生从事教育和著译活动，为传播西方文化，推动日本文化发展作出了巨大贡献。

日元上的福泽谕吉头像。

看到这10000日元纸币上的肖像了吗？这可是福泽谕吉56岁的照片哟！

我是出门打酱油的、

福泽谕吉18个月大的时候，年仅45岁的父亲就因病亡故。33岁的母亲，不得不带着5个孩子，回到了离开十几年的故乡——中津。这里的风俗和大阪有些不同，新来的福泽一家和邻居们相处得并不融洽。孩子们和故乡的小朋友们玩不到一块儿，只好成天待在家里读书写字。

六七岁的福泽谕吉，饱受身份差别的苦恼。但这些并没有改变他豁达的天性。当时，下级的士族小孩出门都用手巾把脸遮起来，一是显得身份低下，二是显得神秘低调。谕吉偏偏不这样。他不但不蒙面，还在腰间别两把刀，堂堂正正地去打酒或买酱油。

有人呵斥他："喂，小孩子，为什么不把脸蒙上？"

他大声回答："我出门打酱油，关你什么事！"

少年谕吉认为一个人光明正大地用自己的钱买东西，没有什么不对，也没有什么羞耻可言。

小小年纪就这么有个性！不愧是大思想家。

日本

149

从英语衰人到英语达人

在江户工作时，福泽谕吉一度非常自负。因为他发现当地的那些"大师"基本上都是混饭吃的，会背几个外语单词就说自己是学者，会拿解剖刀就说自己是西医。

周围的人不懂装懂，令福泽谕吉相当不屑。这也使他的自信心开始膨胀，甚至一度认为自己是"世界上最有学问的年轻人"。幸好，后来发生的事情给了他一个不大不小的打击，使他收敛起了自负的心态，变得更加努力和勤奋。

梳着半月头的大文豪——福泽谕吉。

谕吉到达江户的第二年，奉命去横滨讲学。当时的横滨，是日本最西化的城市，有许多外国传教士、商人在这里游历。可信心满满的谕吉一到这里，就被人鄙视。因为他——不会说英语！虽然谕吉的荷兰语很流利，但对英语一窍不通，别人"叽里呱啦"说了一堆，他根本就插不上话，也根本没有人把他放在眼里。福泽谕吉好几次站在酒店的镜子前凝视自己的衣着、发型，最后长啸一声，感叹道："太土了！"于是，他暗暗下决心，一定要学好英语！

但是，新的问题又出现了。虽然谕吉有志苦学英语，但他跑遍了所有的书店，都买不到一本日英词典，最后，福泽谕吉灵机一动，"买不到日英词典，我就买本荷英字典！"谕吉不愧是谕吉，他一个单词一个单词地背，一本书一本书地啃。苦读了半年之后，他终于粗通英语啦！在当时的江户，许多人目不识丁，能粗通英语已经非常了不起了。

这样都能学会英语，真是厉害呀！

日本

日本诺贝尔奖得主名单

日本是个科技强国，许多科学家的英名，永远地留在了诺贝尔获奖者的"花名册"上。尽管下面的这些名字大家可能并不全都熟悉，但还是让源小银来介绍一下他们吧，竖起耳朵听哟！

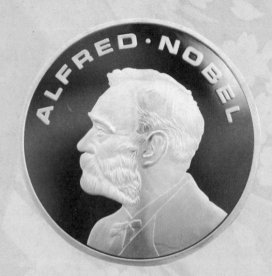

🐉 诺贝尔奖章

汤川秀树（1949年获诺贝尔物理学奖），在核力的理论基础上预言了介子的存在。

朝永振一郎（1965年获诺贝尔物理学奖），他以"超多时间理论"和"鱼贯而入的理论"而闻名，在量子电动力学领域的基础研究方面作出过非常重大的贡献。

川端康成（1968年获诺贝尔文学奖），《雪国》一书生动地描写了人生哀伤的幻想和美，被称作现代"日本抒情文学的经典"。

江崎玲于奈（1973年获诺贝尔物理学奖），他研究关于半导体和超导体隧道效应，创始了隧道二极管。

福井谦一（1981年获诺贝尔化学奖），他开拓了"新领域的电子轨道理论"，对有关化学反应过程理论的发展作出了贡献。

利根川进（1987年获诺贝尔生理学或医学奖），任麻省理工学院教授。他获奖的原因是阐明了"抗体多样性培养的遗传原理"。

大江健三郎（1994年获诺贝尔文学奖），日本当代著名的存在主义作家，主要作品《个人的体验》。

白川英树（2000年获诺贝尔化学奖），开辟了导电聚合物领域的先河。

野依良治（2001年获得诺贝尔化学奖），为"有机化合物的合成"的发展作出贡献。

小柴昌俊（2002年获诺贝尔物理学奖），他的"神冈中微子观测"获得高度评价。对查找宇宙中微子作出贡献。

田中耕一（2002年获诺贝尔化学奖），得奖成果是"蛋白质解析技术开发"。他的研究使癌症的早期诊断成为可能。

南部阳一郎（已入美国籍）、小林诚和益川敏英三人（2008年获得诺贝尔物理学奖），在基本粒子——"夸克"的研究上有突出成就。

益川敏英　　　南部阳一郎　　　小林诚

不可不知的日本元素

马氏大作

来日本之前，马小跳同学搜肠刮肚写了相当矫情的大作。

仔细"拜读"后，你会发现里面充满了"日本元素"。

数一数，下面这段话里到底出现了多少个"日本制造"。

> 早上醒来，我喝了一瓶麒麟红茶。在卫生间，我偷用老妈的多芬沐浴露洗澡。接着一边打开松下电视机一边看动画片《海贼王》。然后吃了一碗凝聚着老妈"爱的力量"的乌冬面。老爸戴着卡西欧手表，拿着索爱的手机，提着东芝笔记本电脑从房间里走出来，他的包里还有一部佳能相机。我们全家一天的生活就这样开始了……

你写的东西真恶心！

怎么看都像做广告！

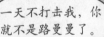

一天不打击我，你就不是路曼曼了。

马小跳同学的"大作"太不靠谱了。想要了解更多的日本元素，还是跟上源大导游的脚步吧。作为"土生土长"的日本人，源同学的介绍肯定更有说服力。

现代科技的产物

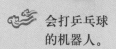

马氏大作虽然问题不少，但里面"暗藏"着不少有价值的内容哟！

细心的你一定发现里面的玄机了吧。哈哈，没错没错，出现很多"日本制造"的电子产品呢。按照源小银的说法，这些个家电啊，数码产品啊，都太小儿科啦。我们赶紧去看看日本制造的机器人吧，那才是现代日本的骄傲！

会打乒乓球的机器人。

看到这样一位身材健硕、身形高大的机器人哥哥，千万不要惊讶！它不是未来战士，更不是机器警察，它只是个彻头彻尾的——乒乓球爱好者。没看人家右手握着的球拍吗？多么矫健的步伐，多么凌厉的动作，天生就是打乒乓球的料。是的，它是我们人类的乒乓球陪打教练。是不是有点大材小用？

长头发、大眼睛、小嘴巴……注意，这不是动漫，这是现实。可现实中的人类姐姐哪有这么温柔，这么亲切，这么好脾气？那如果在"人"字前加上"机器"两个字呢？哈哈，惊讶得合不上嘴巴了吧！这位漂亮的姐姐可是彻头彻尾的机器人哟！据说"演戏"只是她的兼职，她最喜欢的工作还是接待员和秘书。

演员机器人

她在哪里上班？我要去探班。

日本

155

海豹海豹，快点睁开你的眼睛。

这是海豹玩具？海豹抱枕？还是海豹……统统不是！这是一款具有治疗功效的机器人。没想到吧！它不但外观看起来像海豹，行为也和真实的动物很相似哟！只要有人轻轻拍"海豹"的头，它就会有反应，很神奇吧！

照片的主角是谁？是左边这位金发酷叔叔？错啦，应该是右边这位"黑皮钢铁侠"。虽说它的模样是怪了点，体形是"后现代"了点，可人家有内涵啊，智商高啊！它能在见到你的第一眼，就对你的外貌进行扫描并记忆，然后感知并追踪。换句话说，只要你入了它的"法眼"，哪怕你"逃到"天涯海角，它也一定能够找到你。

听起来好吓人啊，就像警察抓坏人一样！

"火眼金睛"的机器人。

机器人兄弟这样排排站，是要去做什么呀？答案就是：开工啦！不要怀疑它们的实力，它们具有"鹰的眼睛、狼的耳朵、熊的力量、豹的速度"，它们是永远不知疲倦的"工作狂人"，时刻冲在工作的第一线。简单如搭积木，复杂如拼接线路，没有它们不能胜任的。

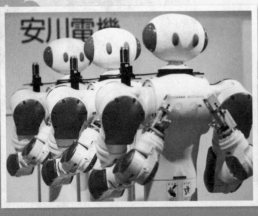
咱们工人有力量！

温泉文化

日本不是世界上唯一有温泉的国家，却是世界上为数不多、把温泉文化发挥到极致的国家。作为一个岛国，日本的压力很大，因为火山和地震搅得这里的人不得安宁。不过，大自然总是公平的，让你在失去点什么的同时，得到补偿。温泉，就是火山送给日本最好的礼物。大致算起来，日本的温泉总数超过3500个，各地大大小小的温泉旅馆加起来超过上万家，"温泉王国"果然名不虚传。

泡温泉有个更通俗的说法——"泡汤"。整个人就像浸在一锅热气腾腾的营养汤里面，多形象啊！日本的"泡汤"习俗自古就有。但在古代，只有天皇、贵族和高贵的僧侣才有"泡"的特权。到了江户时代，越来越多的人发现了温泉的医疗效用，普通百姓"泡汤"的机会也越来越多了。

得天独厚的地理环境加上长年累月的精细打理，这个国家的温泉文化渗透到每个国民的血管里、毛孔里、细胞里。我们甚至可以从温泉中感受到精致的生活——"先用木勺舀水浇头，约5～20瓢，入浴泡汤3分钟，起身休息，如此反复。"哈哈，这只是其中的一种泡法哟！

温泉的温度，太冷太热都不行。

最好的泡温泉时间是10分钟，日本人喜欢在晚餐前、睡前和早上起床后各入浴一次，对于一般人，最好一天不超过4次，每次至少间隔3小时以上。

日本

日本人气温泉

● 下吕温泉

下吕温泉乡是群山环抱的日本岐阜县最大的温泉胜地。下吕温泉与有马温泉和草津温泉并列为日本三大著名温泉。下吕一带温泉遍布，其中以养颜润肤、具有美容作用的"美人汤"最为著名。

❷ 有马温泉

位于神户市北部，历史悠久，素有"神户之腹地"之称。有马温泉的泉水中含有约为海水两倍浓度的铁盐，其中以温泉颜色为铁锈红的"金泉"和无色透明碳酸泉的"银泉"最著名。

● 热海温泉

著名的海滨温泉乡，依山傍海，集中了280多家温泉旅馆和饭店。其中的伊豆山温泉由山谷间涌出的泉水汇合成溪流，湍急地注入相模湾，颇有一泻千里之势，因此别称"走汤"。

● 箱根温泉

以箱根汤本、塔之泽、堂岛、宫下、底仓、芦之汤、古贺"箱根七汤"，加上箱根山附近的温泉统称为箱根温泉乡。"箱根七汤（温泉）"始建于1684～1687年，温泉涌出量在全国名列前茅。

热海温泉

● 草津温泉

别名"药出汤"，以自然环境优美，疗效极高而著称。草津温泉的自然涌出量位居日本温泉之首。草津温泉街中有的"汤田"终年热气腾腾，高温泉水流淌不断。

箱根温泉

马小跳环球旅行记

有马温泉

下吕温泉

草津温泉

马氏不靠谱·小贴士

泡温泉也要懂法律

在日本泡温泉是十足的享受，但在享受的同时，我们也要"知法懂法"。此话怎讲呢？简单来说就是——你泡的真是温泉吗？先别急着反驳，因为在日本有专门的《温泉法》，只有符合法律条例，你才能确定："我泡的就是温泉！"

①从地底冒出的温水、矿泉水、水蒸气和其他气体（不含天然瓦斯）；

②温泉源头的温度必须超过25℃；

③含有一定量的矿物质。

同时满足以上三条，才能算是真正的温泉。大家走过路过不要错过啊！

日本

动漫横行

日本，是一个名副其实的漫画国度！全国上下男女老幼，为漫画而狂的基因遗传了一代又一代。漫画是日本人不可或缺的朋友，一起成长，一起生活，一起享受快乐，一起分担忧伤！

除了日本，还有哪个国家会把动漫做得这么有声有色？动漫在这里，早就不是逗小孩子玩的把戏，而是一个从口袋书，走向小荧幕，再到大银幕，甚至让全世界都拍手大声叫好的"生活调味品"！

创时代的大人物、

说到日本动漫，有一个人不得不提——手冢治虫。这个名字对日本动漫界而言，就像是神一样的存在！尽管拥有医生执照，他却为漫画奉献了一生，他用奇幻的笔触把包罗万象的知识和想象传递给全世界；在长达43年之久的创作生涯中，他留下700册、15万页的漫画，发行单行本超过1亿册，共塑造了两千多个极富生命力的漫画形象；直到生命最后一刻，他依然在作画……

如果这样，还无法激起你对这位大师十二万分的崇敬，那我们就一起来看看手冢先生为日本漫画开创的新时代吧——

1947年，《新宝岛》发明了以电影技巧来画漫画。以分镜头方式连接的

这些动漫玩偶你都认识吗？

先生，您不是人，您是光，您是电，您是真正的神话！

马小跳环球旅行记

绘画形式，成为漫画的构图标准。

1953年，作品《蓝宝石王子》被公认为第一部少女漫画。

1961年，成立"虫虫动画公司"，奠定了日本动画"小成本、快产出"的发展方向。

1963年，第一部电视动画《铁臂阿童木》问世。日本动画的雏形基本形成，许多"习惯"被保留了下来，比如：一周播一次动画。

手冢治虫的"爱子"——铁臂阿童木。

《蓝宝石王子》可是少女动漫的开山鼻祖哟！

非常实用小·贴士

缘分啊缘分

手冢治虫与中国很有渊源。在他的青年时代，正是因为看了《铁扇公主》（有"中国动画之父"之称的万氏兄弟在1941年创作）这部作品，深受启发，下决心从事动画片创作。他首次访问中国时，特意拜会了一直以来非常崇敬的万籁鸣前辈，他生前最后一部作品也是和中国有关系的《我是孙悟空》。

日本

1. 日本全国上下都十分喜爱动漫。据调查显示，日本有87％的人喜欢动漫、有84％的人拥有与动漫人物形象相关的物品。全国上下共有430多家动漫制作公司。

2. 现今的日本，最著名的动漫大师是宫崎骏，他用自己的才华打造了《风之谷》、《天空之城》、《幽灵公主》、《千与千寻》等一系列经典作品。今天的日本，动画片票房收入占到日本电影业票房总收入的三分之一，而日本出口影片中，动画片数量也大大超过了一般影片的数量。

3. 目前，动漫产业已经成为了日本第三大产业，漫画、动画、图书、音像制品和特许经营周边产品在日本已经形成了一整套"产业链"，在日本，动漫产业甚至比汽车产业还要赚钱。

4. 从1945年，第一本漫画月刊《少年JUMP》问世起，漫画杂志就与日本结下了不解之缘。大半个世纪已经过去，但这里的"漫画杂志文化"依然欣欣向荣——每周购买并阅读漫画杂志的人数总量超过两千万，平均每个日本人每年漫画杂志的购买量为25本。

《千与千寻》的故事，感动了无数人。

根据同名漫画改编的《风之谷》，体现出了对人类命运的思考。

日本，是一个名副其实的漫画国度。漫画对这里的男女老幼而言，是不可或缺的朋友，一起成长，一起生活，一起相伴到永远……

虽然日本漫画杂志社多达近百家，但在近几十年中始终处于主导地位的只有三家。

杂志三雄——

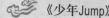
《少年Jump》

周刊《少年Jump》

出版社：集英社

发行时间：每周二

创刊时间：1968年

经典作品：《圣斗士星矢》、《龙珠》、《幽游白书》、《灌篮高手》等

人气作品：《海贼王》、《死神》、《银魂》、《火影忍者》等

周刊《少年Sunday》

出版社：小学馆

发行时间：每周三

创刊时间：1959年

经典作品：《多啦A梦》、《乱马1/2》、《棒球英豪》等

人气作品：《名侦探柯南》、《犬夜叉》、《旋风管家》等

周刊《少年Magazine》

出版社：讲谈社

发行时间：每周三

创刊时间：1959年

经典作品：《金田一少年事件簿》、《天才小厨师》、《麻辣教师GTO》等

人气作品：《闪灵二人组》、《翼·年代记》、《妖精的尾巴》等

日本

汽车王国

丰田、本田、尼桑、铃木、三菱、斯巴鲁……稍微懂点汽车的朋友都知道这些世界汽车品牌中的"大家族",而且它们都有一个共同点,就是日本制造!

有着如此之多的世界知名汽车品牌,日本想不做一个"汽车王国"都不可能啦。日本汽车凭借着其优越的性能、合理的价格、可靠的质量和多样化的品种,在世界汽车市场"春风得意"。

最佳进步奖的获得者

如果把世界比作一个班级,每一个国家都是学生,那日本就是一个"知耻而后勇"的好学生,特别是在汽车制造业这门功课上,给它一个"最佳进步奖"绝不为过。日本的汽车工业在20世纪50年代才形成完整体系,却在60年代就开始突飞猛进:1961年日本汽车产量超过意大利而跃居"班里"的第五位;1965年超过法国,排在第四名;1966年超过英国,升为第三名;1968年追上德国,居"全班"第二位。1980年日本汽车产量首次突破1000万辆大关,达1104万辆,一举超过稳居第一位多年的"优等生"美国,坐上了头把交椅。

虽然受经济危机、日元升值等因素的影响,日本的汽车业受到了很大的打击,"产量世界第一"的宝座已经被中国夺走,但是,日本的汽车业依然在世界汽车市场上有着举足轻重的地位。

马小跳环球旅行记

哈哈哈哈 叫我第一名!

现在中国的汽车产量超过日本了吧?

对,我们才是第一名!

爱看不看·小·贴士

爱玩车的日本人

日本有着自己独特的汽车文化,在日本,汽车绝不仅仅是个代步工具,它可能是家庭的一员,是共患难的工友,是个性展示的舞台……

日本人对汽车的热爱,不仅体现在他们平时对车的呵护上,还有不得不提的"改装车文化"和"飙车一族"。在日本的大街小巷,经常能看见一些匪夷所思的车:有些穿着色彩多变的衣服,有些贴花满身,有些甚至连形状样子都变了。它们闪烁着迷幻的色彩,咆哮着转过街角。至于"飙车一族",在风光秀丽的滨海大道,交错盘旋的高架,以及蜿蜒曲折的田园道路上总是能看到他们的身影。到了夜晚,爱玩车的人会成群结队地聚集在露天停车场,展示他们的爱车或者切磋技艺。配合着"嗡嗡"作响的鼓点,街舞、遥控车、汽车改装、朋友聚会都是这里的节目。

日本

汽车业三巨头中的老大、

超级"巨无霸"——丰田汽车

英文名称：TOYOTA

创立时间：1933年

品牌标志：

创始人：丰田佐吉、丰田喜一郎

丰田是世界十大汽车工业公司之一，也是日本最大的汽车公司。年产汽车近600万辆，其中50%以上出口。自2008年开始，丰田逐渐取代通用汽车公司而成为全世界排名第一的汽车生产厂商。我们熟知的皇冠、锐志、卡罗拉、花冠等都是丰田旗下的品牌。

父子连心创品牌

关于丰田的创始人有两种说法，一种说法是日本发明家丰田佐吉，另一种说法是他的长子丰田喜一郎。其实，两种说法都没错，因为丰田是他们父子连心的产物。

丰田佐吉是日本著名的发明家，他从小就树立了"永远都要以不屈的精神挑战自己"的目标。他发明的丰田纺织机曾在世界各国得到广泛运用，获得了专利，并创立了"丰田纺织株式会社"。为了培养他的接班人，他送长子丰田喜一郎去名校求学。丰田喜一郎没有辜负父亲的期望，成了一名出色的机械工程师。为了更好地施展才华，报效国家，他决定将自己全部的精力都投入到日本当时的新兴产业——汽车制造中去。儿子的想法得到了父亲的鼎力支持，丰田佐吉把自己的专利卖给了普拉特公司，并在临终前把卖专利得来的100万日元亲手交给丰田喜一郎。他嘱咐喜一郎："我搞织布机，你搞汽车，你要和我一样，通过发明创造为国效力。"

丰田佐吉去世以后，公司总裁的职位由丰田喜一郎的妹夫（丰田佐吉的上门女婿）丰田利三郎担任。利三郎骄傲自大，不愿听从喜一郎大力发展汽车事业的意见。为了完成父亲的遗愿，实现自己的理想，丰田喜一郎最终决定自立门户，他不舍地离开了父亲一手创立的企业，成立了"丰田汽车工业株式会社"。

高贵的"私生子"

你知道"雷克萨斯"吗？也许你知道。但你知道"雷克萨斯"也是丰田旗下的品牌吗？

不用怀疑，这是事实！

1983年8月，丰田公司召开了一次秘密的高层会议。董事会主席丰田英二在会上提出了一个震撼性的问题："在累积了半世纪的汽车研发和制造经验之后，日本究竟能不能创造出足以傲视当今车坛的顶级轿车？"大家都被惊呆了，日本的汽车制造业一向都是走中低端路线的。这个问题说白了其实就是对日本汽车工业的全面性挑战！会场顿时一片沉默，但很快，所有人都非常坚定地回答："是的，我们能！"

就这样，雷克萨斯诞生了。它的名字是丰田公司花了3.5万美元请美国一家取名公司取的。【"雷克萨斯"（Lexus）的读音和英文"豪华"（luxury）很像，给人的第一感觉很棒】为了给雷克萨斯一个全新的概念，丰田公司甚至没有用他们的金字招牌——丰田的标志，而是为它量身定做了一个动感的标志。

美国《财富》杂志在雷克萨斯诞生的初期，曾挖苦丰田公司的做法就如同"在麦当劳店里销售惠灵顿牛排一样可笑"。但是他们错了！雷克萨斯，这个丰田公司高贵的"私生子"一出世就大获好评。到2000年，它甚至"篡夺"了凯迪拉克北美最畅销豪华车的宝座，并且稳稳地坐到了现在。

雷克萨斯

高贵的名字与动感的标志。

三巨头之"二哥"

品牌名称：日产

英文名称：NISSAN

创立时间：1914年

品牌标志：

创始人：田健治郎

　　日产的名字大家可能不熟，但说它的另一个名字"尼桑"，恐怕就家喻户晓啦。它是日本的第二大汽车公司，也是世界十大汽车公司之一。值得一提的是日产公司除生产各型汽车外，还涉足机床、工程机械、造船和航天技术等领域，是一个庞大的跨国集团。

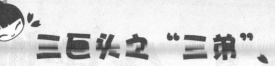
三巨头之"三弟"

品牌名称：本田

英文名称：HONDA

创立时间：1948年

品牌标志：

创始人：本田宗一郎

虽然它是"三巨头"中的三弟，但是千万不要小看它。它也是名列世界十大汽车厂家之列的呢。不仅如此，它同时还是世界上最大的摩托车生产厂家呢。

日本汽车制造业能够到如今的规模，让日本成为一个汽车王国，这是和他们的民族精神分不开的：日本人善于学习，但不是照搬照抄，在学习之后还能大胆创新，做到青出于蓝而胜于蓝。有这样的精神，还有什么事情做不好呢？

马小跳环球旅行记